敏感期

抓住儿童成长

刘颖◎著

航空工业出版社

内 容 提 要

本书详细描述了孩子在各个年龄段会出现的知觉感官敏感期、视觉发育敏感期、听觉敏感期、语言表达敏感期、动作动手敏感期、认知思维敏感期、情绪情商敏感期、视觉敏感期等7个成长必经的能力发育“敏感期”，以及各种应对的方法。通过告诉父母孩子成长发育的必然规律及孩子各方面的潜能开发与培养，从而使孩子能够顺利通过一个又一个成长“敏感期”，使孩子的心智水平达到预期，让孩子的天赋、潜能得到充分的发挥与发展！

图书在版编目（CIP）数据

抓住儿童成长敏感期/刘颖 著. —北京：航空工业出版社，2024.5
ISBN 978-7-5165-3729-9

Ⅰ.①抓… Ⅱ.刘… Ⅲ.①儿童教育 Ⅳ.①G61

中国版本图书馆CIP数据核字（2024）第070911号

抓住儿童成长敏感期
Zhuazhu Ertong Chengzhang Minganqi

航空工业出版社出版发行
（北京市朝阳区京顺路5号曙光大厦C座四层 100028）
发行部电话：010-85672688 010-85672689

三河市双升印务有限公司印刷　　全国各地新华书店经售
2024年5月第1版　　2024年5月第1次印刷
开本：710×1000 1/16　　字数：122千字
印张：12.5　　定价：58.00元

前言
PREFACE

可以说，每个家长一旦做了爸爸妈妈，满怀的喜悦与幸福之情是溢于言表的。但作为父母，在欢喜的同时，切莫忘了自己的义务和责任：如何才能照顾好自己的宝宝。要知道，把一个襁褓中的婴儿养育得既聪明又健康，可不是一件容易的事儿。

虽然你也与其他家长一样，全心全意地养育着孩子，可是自己的孩子却不像别人家的孩子那样优秀。这时，你是否会怨天尤人？盲目地断定自己的孩子天生就不够聪明呢？其实，你最应该做的是仔细检查一下自己的教育行为：

第一，查一查自己是否做到了尊重孩子成长的每一个细节？第二，自己是否按照孩子身体发育的每一个规律去抚育的？第三，检验一下自己是否做了有悖于婴幼儿教育的事情？第四，看看自己是否陷入某些亲子教育的误区？

……

如果真是上述的种种原因所引起的，那么可能是因为你没有抓住孩子成长中的各个“敏感期”！

所谓成长敏感期，是意大利著名幼儿教育家蒙特梭利，在长期与儿童的相处中，发现的儿童成长会出现的一些智能发展的敏感期；而这一发现，对提升婴幼儿的智力与发展有着极其卓越的贡献！

成长敏感期，主要是指0—6岁儿童，在成长发育的过程中，受内在生命力的驱使，某个感官能力，突然在某个时间阶段，表现出强烈的自然行为。这时，孩子只对环境中的某一事物特别专注，或是只对一种特定的技能感兴趣，只想重复地做这一个动作，并会拒绝接受其他事物的行为。比如，当宝宝突然学会用勺子吃饭时，便不想再让大人喂饭了。并且，在某一阶段，宝宝往往会注重学习某一个本领，并能快速掌握它；而一旦错过这个阶段，再想学习这个本领时，则往往要多付出一倍或几倍的时间与精力,还不一定能学得更好。所以爸妈务必要抓住宝宝成长的各个“敏感期”，进行合理的训练培养，才能使孩子从出生起便遵循着自然的成长法则，不断地开发自己的潜力智能，从而成长为一个“更有能力”的个体。

宝宝出生后,必须要学会一些本领:坐、说话、吃饭、穿衣、走路、认字等，而这些能力却大部分都是在特定的敏感期学习完成的。并且，儿童发育的每一个敏感期都是快速而短暂的，稍微疏忽大意，它就会消失不见。所以，家长只有准确把握住宝宝每一种能力发展的敏感期，从而因材施教，用相应的活动来搭配训练及锻炼培养，才能帮助孩子更好地完成敏感期的能力成长与发展，从而对孩子的潜能开发起到事半功倍的作用！

本书从儿童0—6岁成长发育过程所必须经历的每一个敏感期说起，详细地描述了孩子在各个年龄段会出现的知觉感官敏感期、语言表达敏感期、动作动手敏感期、认知思维敏感期、情绪情商敏感期、视觉发育敏感期、听觉发育敏感期等7个成长必经的智能发育“敏感期”，以及各种教养措施及应对的方法。从中告诉你孩子成长发育的必然规律及孩子各方面的潜能开发与培养，从而使孩子顺利通过一个又一个成长“敏感期”，使他的心智水平达到应有的最佳预期，让潜在天赋、智能得到最充分的发挥与发展！

目录

CONTENTS

知觉感官敏感期

第1章

孩子感官智能的发展变化

第1节　新生儿的敏感技能

——0—12个月，7项基本技能与本能反射 / 002

第2节　将头转向自己妈妈的奶垫

——6—30天，灵敏的嗅觉与味觉 / 006

第3节　小嘴巴撞上东西，会主动吸吮

——出生0—3天就有觅食能力 / 008

第4节　皮肤，是触觉开发的最大器官

——0—3岁，抚触是身心发育不可缺少的营养品 / 010

视觉发育敏感期

第2章

孩子的视物能力发育过程

第1节　眯起眼睛，“躲避”强光

——0—3个月，宝宝对光线的敏感反应 / 016

第2节　“机敏觉醒时间”

——0—5个月，把握机会，开发视觉能力 / 019

第3节　远一些，近一些

——3—5个月，视觉的适应和调节能力培养 / 022

第 4 节 “红色的气球在哪里？”
——6—12 个月，视觉色彩刺激促进智力发育 / 027

听觉敏感期
第 3 章

孩子的听觉发展与理解能力

第 1 节 “叮叮……这么响啊”
——0—1 个月，出生就有听觉需要 / 034
第 2 节 “这是谁在说话”
——5—6 个月，能区分妈妈与他人的声音 / 038
第 3 节 “这种声音真好听哦”
——3—12 个月，喜欢旋律优美的乐曲与儿歌 / 042

语言敏感期
第 4 章

孩子的语言发展与表达能力

第 1 节 “咿咿呀呀”
——2 个月，小天使，初学语 / 050
第 2 节 “ba，da，ga，ma”
——8 个月，宝宝会发出不少音节 / 054
第 3 节 “嗯嗯”“不要”
——12 个月，语言发育处于说话萌芽阶段 / 059
第 4 节 “亮亮要喝水”
——18 个月，到了宝宝说话的“分水岭”期 / 066
第 5 节 “我要吃那个大红苹果”
——2 岁半，宝宝语言能力开发的最后促进期 / 070
第 6 节 “你说的狗屁吧”
——4 岁，塑造“语言美”的时期到了 / 075

第5章 动作敏感期

提升孩子的动作发展智能

第 1 节　蹬腿、踢脚、挥胳膊、抬头

——1 个月，动作萌发“敏感期” / 086

第 2 节　两只小手不时张开，尝试去触摸东西

——2—8 个月，开始通过小手认识世界 / 092

第 3 节　啧啧，小家伙要“翻身”了

——3 个月，“翻身运动”，大动作发展的第一个敏感期 / 097

第 4 节　哎呀，宝宝居然会“坐”了

——6 个月，从卧位到坐位，大动作发育的第二个敏感期 / 102

第 5 节　“爬一爬”，宝宝会爬了

——8 个月，学爬行是婴儿成长过程的里程碑 / 107

第 6 节　站一站，走一走

——11—18 个月，从坐位到站位再到行走，大动作的第三个敏感期 / 117

第6章 认知思维敏感期

孩子智商潜能的开发时机

第 1 节　“别碰到我，你不是我妈妈”

——3—4 个月，“自我意识”开始萌发了 / 130

第 2 节　“我不认识你，我不让你抱”

——7 个月，“怕生”的宝宝一见人就躲藏 / 133

第 3 节　“鼻子、眼睛在这儿”

——9 个月，聪明宝宝“识五官” / 137

第 4 节　“这是谁的头发，这么长”

——1 岁半—3 岁，关注细小事物与自然事物敏感期 / 141
第 5 节 “用积木搭桥？太简单了”
——1 岁半—4 岁，动作与思维能力开始协调的动手敏感期 / 146
第 6 节 “哦，原来我是男孩子哦”
——4—5 岁，关注自己和他人的性别敏感期 / 152

第 7 章 情绪情感敏感期

良好情绪、情商的培养从现在开始

第 1 节 “嘻嘻，我会笑了”
——2—11 个月，出现“喜怒哀乐”基本表情，并能准确表达自己的情感 / 160
第 2 节 “呵呵，有人夸我乖”
——6—12 个月，喜欢“被夸奖”先天个性敏感期 / 169
第 3 节 “我就不听你的”
——1 岁半—2 岁，心理上的“第一反抗期”来了 / 175
第 4 节 “你是你，我是我”
——3—4 岁，个性定型的关键时期 / 181
第 5 节 “妈妈爱我，我也爱妈妈”
——4—5 岁，情感敏感期到了 / 186

第1章

知觉感官敏感期

——孩子感官智能的发展变化

第 1 节 新生儿的敏感技能

0—12 个月，7 项基本技能与本能反射

刚刚晋升为宝爸的小李正在厨房给老婆做饭，为“犒劳”老婆生产的辛苦，他最近变着花样给老婆做各种滋补身体的“月子餐”。

“老公,老公,快来看哦,我们家宝宝会迈步啦！”老婆兴奋地嚷嚷。

“怎么可能呢？宝宝出生才 1 周的时间，怎么会迈步呢？”小李问道。

“是真的！宝宝真的会迈步了，你来看一下就知道啦！”老婆仍然兴奋地说。

“好吧，不许骗我哦！”小李赶紧解下身上的围裙，跑过去一看，可不是嘛：只见老婆坐在床上，用两手臂竖抱着宝宝，让宝宝的头部依偎在她的胸前，这时宝宝的两只小脚，正好接触在床面上，而姿势正是一只脚张开，放在另一只脚的前面，样子真的好像是在迈步呢。

你知道吗？吃喝拉撒睡都需要成人帮助的新生儿，却拥有很多天生就具有的能力，如视觉、听觉、触觉、味觉、嗅觉、运动和模仿等等，

这就使得宝宝出生后就具备了与人交流的可能。

宝宝一出生就拥有 7 项基本技能，其中 5 项属于本能反射，这些能力有的会随着宝宝的成长不断地发展，有的则会被其他能力取代或自行消失。

现在我们来看一下新生儿的 7 项敏感的基本技能：

（1）觅食能力：当你用手指触摸宝宝的小脸颊时，他的头便会随着你触摸的方向而转动。千万别小看这个转动，这可是小家伙在寻找吃的呢。

（2）吸吮能力：当妈妈把宝宝抱在乳房上，宝宝自动就会转向乳头，并且能够有节奏地吸吮。

（3）握拳能力：如果你留意，就会发现：当你的手接触到宝宝的手掌时，他便会自动地握起小拳头，他是想握住你的手指呢。

（4）眨眼能力：当你在宝宝面前拍巴掌或有其他动作的时候，你会看到宝宝会眨几下眼睛。其实，这是宝宝自我保护的条件反射。

（5）惊吓能力：当头部突然向后倾倒时，宝宝便会立即伸腿、伸胳膊或弓起背，以使身体不至于跌倒，也是一种自我防御的本能体现。

（6）潜水能力：你能想到吗？宝宝天生就会游泳。在水中时，宝宝的肺部管道会自动关闭，他张着嘴，睁着眼睛，并用手和脚来回地游动。

（7）踏步能力：当你竖着抱起宝宝时，他就会两腿张开，一只脚向前，做出踏步的动作。

关于新生儿的 5 项本能反射，在最初几周内可以观察到。其中的几种反射在成长到一定时期时，便会自动消失或被其他能力取代。这些本能反射对宝宝的成长有哪些作用呢？

育儿小宝典

1. 觅食能力

新生儿的这种能力，主要表现为“吸吮”，比如一有什么东西碰到小嘴，立即就会做出吸吮的动作。如果你仔细观察，会发现新生儿蜷缩在小毯子中，总是在试图咬自己的手。如果你给他一个人工乳头或者帮助他寻找大拇指，便可以让他安静下来。这种能力一出生就有，一般到 4 个月时，就会消失。

2. 握拳能力

在叩击宝宝的手掌时，他会立即握住你的手指。而且，手的握持力非常强，似乎可以承担他身体的重量。不过，切不可好奇地去尝试，因为新生儿还不能控制这种反应，可能会突然松开。这种本能在出生后的最初几天里，显得特别强，然后渐渐减弱，到 5—6 个月时，便会消失。

3. 踏步能力

新生儿天生就有踏步的能力。虽然出生几天的宝宝还不能支撑自己的体重，但当你用手臂托着他扶好他的头部，让他的足底接触一个平面，小家伙便会做出走步的姿势。这种能力，一般在 2 个月以后就消失了；而到他近 1 周岁，学会自主走路时，又会重新恢复起来。

4. 惊吓能力

新生儿在出生后的前几周，会出现一种“惊吓”的动作行为，也称“摩罗反射”，这是一种自我保护能力。比如，当头部突然向后仰，或者因某些大声或突然的动作而感到害怕、吃惊时，宝宝的身体便会出现手、脚张开，颈部伸直，然后快速将手臂抱在一起，开始大声哭泣等行为反应。一般来说，这种能力在第 1 个月达到高峰，到第 2 个月以后逐渐消失。

5. 潜水能力

新生儿天生就会游泳，在水中时宝宝会自动关闭肺部管道，四肢也会做出游泳的动作，张着嘴，睁着眼睛，并用手和脚来回地游动。这种能力会在 6 个月后逐渐消失。

此外，眨眼能力是一种保护自己的敏感反射，往往跟随终生。

生命很神奇。新生儿宝宝天生就拥有一套最基本的技能，即生存能力，以适应所生活的环境。随着不断实践，一些本能反射也就变成了一种可以很好掌握的技能。不过，并非所有的宝宝都能同时获得或失去这些敏感反射。

因为很多能力是比较复杂的，需要经过很多次练习才能掌握和熟练运用。比如，在敏感反射期内，教新生宝宝踏步走，可以为以后的真正走路打基础。通过训练宝宝双腿的活动，以辅助肢体的灵活性，还能促进宝宝认知、感知发育及肌肉协调等。

了解宝宝的这些本能反射的能力，家长可以在宝宝的各个基本能力存在的敏感时期，进行有意识的培养训练，及早对宝宝的动作与能力进行调教与引导，使宝宝早一点走向健康的成长之路。

第 2 节　将头转向妈妈的奶垫

6—30 天，灵敏的嗅觉与味觉

曾经做过一个有趣的实验：

在几个出生 2 天的新生儿的鼻子两侧，各放了一块小奶垫。奶垫上面留有两位不同妈妈的乳汁：一侧是新生儿自己妈妈的奶垫，另一侧是其他宝宝妈妈的奶垫。实验人员想观察新生儿是否能将头转向自己妈妈的奶垫。

结果发现，生后 2 天的新生儿没有表现出对奶垫的兴趣，并且对自己妈妈的奶垫好像也没有什么感觉。

可是，到了第 6 天的时候，这些宝宝便能经常地将头部转向有自己妈妈奶垫的一侧了：并且，身体也有向这侧挪动的现象。

由这个实验表明，出生 6 天的婴儿，已经能够闻出自己妈妈的气味了，并能分辨出哪个是自己妈妈身上的味道。新手妈妈大概都有这样的经历，在给宝宝喂奶时，宝宝闻到母乳的香味，并有急切地寻找乳头的表现。

而研究也已经证实，刚出生几天的宝宝，嗅觉已相当灵敏。他们能闻出气味的好坏，并能区别不同的气味，尤其对来自妈妈身上的气味特别敏感。母乳喂养的宝宝，差不多出生 1 周左右，就会转向自己妈妈的奶垫，而对其他妈妈的奶垫没有反应。如果把沾有母乳的布片靠近宝宝鼻端，宝宝会顿时停止哭泣而做出寻乳的姿态。这种类似的系统，有助于指导婴儿的喂奶时间，还可以成为向宝宝发出远离可能造成伤害的物质的警告信号。

新生儿对味道和气味也十分敏感。当闻到牛奶、香草、香蕉或者糖发出的香味时，他会深呼吸；而闻到酒精和醋的气味时，则会扭头甚至想远离；遇到冷空气刺激会打喷嚏。

此外，婴儿还有良好的“味觉”。出生后不久，小家伙就能够辨别不同的味道。而且，他们大都喜欢品尝带有甜味的水，会对咸的、酸的或苦的水，表现出痛苦或不愉快的表情。

由于婴儿能根据气味嗅出是不是“妈妈”，故而有一种说法：婴儿期由妈妈陪睡，能产生良性刺激，利于宝宝的智力发育。

如果陪伴新生宝宝入睡的成人总是更换，会让宝宝始终处于紧张状态，不但睡眠时间不足，睡眠的质量也会大打折扣，对宝宝的身心发育极为不利，情况严重的可能会导致宝宝大脑发育迟缓，引发婴幼儿期的心理障碍。

新生儿拥有灵敏的嗅觉与味觉，他们在出生后形成的第一个嗅觉判断，便是能嗅出妈妈身上特有的体味，从而寻找乳房。故而建议新手爸妈：在宝宝出生后的 6—30 天，不断给予嗅觉与味觉的良性刺激，比如让宝宝适当地闻一闻食醋（酸味）、白酒（辣味）、香水（香味）等，尝一尝甜水与淡水等的味道，这样能够刺激嗅觉与味觉的发育，从而增强宝宝的嗅觉与味觉的“判断”能力。

第3节 小嘴巴撞上东西，会主动吸吮

出生0—3天就有觅食能力

玲子成了妈妈，非常开心。虽然昨天生产时筋疲力尽，可是看到睡在身边的宝宝，所有的苦、痛全都烟消云散，心里泛起阵阵的喜悦之情。忍不住伸出手去摸宝宝的小脸蛋时，却发现小家伙竟然不停地移动着小脑瓜，用小嘴“追”她的手。难道宝宝在找东西吃？

玲子边想边将一个手指轻轻地放在宝宝小嘴巴的一侧，没想到宝宝立即就吸吮住了她的手指。玲子立刻将自己的乳头放在宝宝的嘴边，果然，宝宝很快就主动地吸吮起来。啊！宝宝一出生就会主动吸吮，这下不用担心宝宝吃奶了！玲子既兴奋又激动。

吸吮是一个人在出生前就已经存在的“生存反射”，怀孕期间进行超声波检查，就会看见胎儿在吸吮他的大拇指。因为如此，新生儿一出生就有一定的觅食能力。若是有东西碰到小嘴上，他就会急忙去吸吮。

宝宝在出生后，我们常常能看到，当乳头或者是奶嘴等物放在宝宝的嘴部或者接触到他的脸时，他就会自动吸吮起来，或主动地寻觅正确的方向。新生儿觅食的动作，可以分为两个时期：

第一，当你将宝宝的口唇放置在乳房的乳晕周围，并在宝宝的舌头和上腭之间挤压乳头，将乳汁压出来，他就会吸吮。

第二，使宝宝的舌头从乳晕向乳头运动。如此，整个过程可以产生负压或吸吮，最终使乳汁进入宝宝的口腔。

宝妈可以充分利用新生宝宝天生的觅食反射，有目的地对宝宝进行训练，这会有利于让新生宝宝尽快地学会吃奶。即使在母乳还未下奶时，也可以让宝宝先吮吸妈妈的乳头，既能够刺激母乳尽快出现，也可以让小宝宝早早地记住妈妈的体香。

育儿小锦囊

在宝宝出生后开始学习觅食能力的时候，妈妈可以按以下方法进行吸吮训练：

（1）用手指轻轻叩击宝宝的腮部或口唇，使他主动地将头转向你的手，这有助于授乳时宝宝寻找乳头。

（2）在最初的时候，宝宝可能只会在两侧寻觅，你可将他的头慢慢转向乳头。

（3）慢慢地，宝宝寻觅的次数会减少，很准确地捕捉乳头的几率则会越来越大。

（4）一般到第 3 周时，新生儿只要简单地扭一下头，使自己的嘴巴移动到适当的位置，就能准确地自己进行吸吮了。

第 4 节　皮肤，是触觉开发的最大器官

0—3 岁，抚触是身心发育不可缺少的营养品

宝宝出生一个多星期了，阿英还是像往常一样，将宝宝喂饱奶水后，就让他一个人睡觉或待着，从来没有搂抱过宝宝与自己一起睡觉。并且，平时也不怎么触摸或是逗宝宝玩。她认为，宝宝这么小，什么都不懂，与他交流、逗乐他也不知道。她想：索性等宝宝长大些，再陪他一起玩吧。

可是，在妇幼保健站做医师的婆婆却告诉她：刚出生的宝宝，看上去意识还有些朦胧，好像什么也不懂，啥也不知道，其实，宝宝的心里是明白的。只不过是由于刚来到这个世界有紧张和兴奋情绪，使宝宝在出生后的 2 个小时之内都是不会睡觉的，甚至几天之内都紧张不安。所以，这时候的宝宝，最需要妈妈的关心与安慰，才能愉快地度过刚出生的紧张时间。

并且，婆婆还告诉阿英，抚摸对新生儿来说，是一种神奇的安慰。尤其是温柔的抚摸，会使关爱的暖流通过妈妈的手，默默地传递到宝宝的身体、大脑和心里。经常对宝宝进行温柔的抚摸，不但能滋养宝宝的皮肤，还可以在宝宝的大脑中产生安全、甜蜜的信息刺激，从而

对宝宝的智力和健康的心理发育起到催化作用。

从此，阿英不再认为宝宝那么小、什么也不懂，而是不断地抚摸、关爱宝宝，而宝宝也开始和她越来越亲近了！

很多初为人母的新手妈妈，面对可爱的宝贝，往往不知道该如何向宝宝表达自己的情感，也不敢轻易触摸宝宝，总怕自己惊扰到在睡梦中的宝宝。其实，妈妈的怀抱和温柔的双手，就是和宝宝建立情感联结的最佳纽带，每个妈妈都能无师自通，且母子间越早开始身体的接触，彼此间的亲子情感连接最亲近。

生产后的妈妈，只要体力有恢复，就可以和宝宝开始第一次的亲密接触。房间的光线要柔和一些，妈妈用温柔的目光注视着宝宝的眼睛，宝宝慢慢也会注视妈妈的眼睛，母子间的深情对望，是世界上最美妙的图画，印刻在彼此心间。

皮肤是身体最大的体表感觉器官，是大脑的外感受器。对婴儿来说，皮肤是他感觉外界和认识亲人的最好感觉器官。因此，爸爸妈妈应尽量多地给予宝宝这方面的抚摸与接触。

研究发现，新生宝宝的口角、唇边和脸蛋最为敏感，当这些部位依偎着妈妈温暖的乳房时，能在大脑中产生安全、甜蜜的信息刺激，这对宝宝的智力发育有着催化作用。而妈妈抚摸、拥抱宝宝时，所产生的肌肤接触，也会获得同样的效果。

出生后缺乏肌肤等感触交流的宝宝，在成长过程中往往会表情冷淡，发育迟缓，并且性格孤僻而难与他人和睦相处。

宝宝出生后，妈妈尽可能多和宝宝亲近。宝宝睡醒时，要经常用手轻轻触摸他的脸、双手及全身皮肤，或用宝宝的手摸面前的物体，并引起本能的抓握反射。而喂奶、洗澡、抚触按摩都是母子间的皮肤直接接触，多次接触、抚摸，会让宝宝感受到被关爱、被注视，喂奶、洗澡和按摩时，妈妈要多多露出笑脸，和宝宝多交谈（不管宝宝是否回应），这些都会让宝宝充分沐浴在爱河中，对其身心健康和愉悦成长十分有益。而母子间肌肤接触的瞬间，会让亲子情感更为紧密。

育儿小锦囊

婴儿抚触按摩操

（1）按摩的最佳时间，最好选在两次喂奶中间，室温控制在22℃—26℃，并且室内最好阳光充足。

（2）按摩之前，宝妈要摘去身上的所有装饰物，并将指甲剪短。然后用热水洗手，最好能用一点煮沸后冷却的植物油或纯植物婴儿油，作为润滑剂。

（3）按摩的顺序从头开始，再逐渐到脚部。

（4）从宝宝的头部开始，接着是宝宝的脸、脖颈、肩膀、手臂、胸部、腹部、背部、腿和脚。最后，再从脖颈到脚左右，对称地进行按摩。

（5）按摩时要注意，动作要以轻柔为主。刚开始是轻轻地抚摸，观察宝宝的反应，并增加一点点手力，轻柔地推动皮下肌肉的活动。

（6）在按摩时，妈妈要随时观察宝宝的表现，宝宝是愉悦的，表明宝宝享受妈妈的抚触按摩，如果宝宝表现出不适或不愉快，则迅速调整力度，当宝宝还是不配合时，就要停止本次抚触按摩。

（7）一般地，每个身体部位可按摩 2—3 遍。在宝宝身体小的部位可用手指尖或手指按摩，大的身体部位可用掌心或整个手掌按摩，每次按摩数分钟，以后可逐渐延长至 20 分钟。

（8）按摩时可用柔和的音乐作为背景音乐，有助于宝宝全身放松。边按摩边和宝宝说话，这是母子交流的最佳时机，也让宝宝感到妈妈的按摩是一种愉快的享受。

抚触按摩是妈妈通过双手向宝宝传递自己的爱，也是宝宝真切而直接地感受到来自妈妈的温度和爱意，既可以增近亲子间的情感连接，也是宝宝体格发育和心理发育不可缺少的营养品。抚触按摩会将刺激通过皮肤的感觉器官传达到大脑的中枢神经系统，让宝宝获得触觉的满足和心理的安慰，不仅能促进宝宝神经系统的发育，还可以增加体重，增强体质，提高抗病能力，预防疾病。

因此，从出生到 3 岁，温柔地触摸宝宝的肌肤吧，这是爸爸妈妈送给宝宝的一件无法估价的珍贵礼物。

第2章

视觉发育敏感期

——孩子的视物能力发育过程

第1节　眯起眼睛，“躲避”强光

0—3个月，宝宝对光线的敏感反应

轩轩出生3天了，妈妈发现他总是喜欢闭着眼睛睡大觉。偶尔睁开眼睛，遇到一点光亮，眼睛马上就会闭起来。每当拉开窗帘或是刚打开房间的灯时，轩轩总是立即眯起眼睛，而且还会将脸扭向光线暗淡的一方。

妈妈有点疑惑：难道宝宝一出生就有视觉能力？并且天生就会“躲避”强光？可是，人们不是说，出生前几天的新生儿眼睛是看不见的吗？

众所周知，刚出生的宝宝尚不能对发光或发声的物体做出反应，只能对那些同时既发光又发声并能够活动的物体，表现出模糊而又笼统的反应。因而造成了一个错觉：新生宝宝是看不见的。之所以会产生这样的认为，主要还是因为以前对新生宝宝视觉的特点了解得不够深入。

其实，新宝宝不但对光线是有反应的，而且对光的刺激是十分敏感的。

在妇产医院婴儿室里，研究人员在对新生儿进行观察时发现：当有光线在眼前闪烁时，新生儿就会眯起眼睛；当光线突然加强时，新生儿的瞳孔就会缩小。

新生儿的这些反应是为了“躲避”光线对眼部的刺激，或者是减轻刺激所带来的影响。并且，婴儿在出生后的头几天里，甚至还可以观察到环境状态。

有研究人员还发现，出生几天的婴儿不仅能“躲避”光的刺激，还能寻求光的刺激。因为他们看到：大多数新生儿的脸，会像向日葵一样，总是向着光亮的一面。

可见，新生儿对光的刺激十分敏感。他们不但会在睁着眼睛时对光线的明暗变化做出反应，有时候在闭着眼睛打瞌睡时，对光亮也十分敏感。例如宝宝的房间，只要一开灯，他就会有反应。可以肯定婴儿在出生几天之后，就能用眼睛追踪缓慢移动的光源了。

新生宝宝虽然有了视觉能力，却是很微弱的。而且，强光线会使他感到不安，宝宝会用哭声对强烈的光线做出反应。因此安放宝宝的地方，不宜光照过强。

视觉的发育对一生都十分重要。在 0—3 个月的新生儿期，多与宝宝进行视觉交流非常重要。研究已经发现，新生儿在出生两三周时，眼部的视网膜就已经形成，但这时眼部的中心凹尚未发育成熟。所以，他们眼睛可见的距离不会超过 40 厘米，可见区限于 45 度，几乎只能看到眼睛正前方的东西。不过，此时宝宝对于人的脸，特别是人的眼睛，已经有了一定的识别能力。

母乳喂养的妈妈，会有一个共同的发现，宝宝吃奶时，边吮吸边用眼睛直视着妈妈的眼睛。这是宝宝情感发育过程中的视觉需要，如果失去这种交流，宝宝吃奶时往往会频繁地转身、摇头，甚至表现出烦躁不安。因此，喂奶时，妈妈与宝宝的视觉交流，有益于稳定婴儿的情绪。

除了喂奶时要和宝宝进行眼神的交流之外，平时多和宝宝进行对视交流，也有益于婴儿的心理健康发育。人工喂养宝宝的妈妈，也要重视与宝宝的视觉交流，这也是增近亲子情感的重要方式。宝宝在妈妈的带领下，认识这个新鲜的世界。

第2节　“机敏觉醒时间”

0—5个月，把握机会，开发视觉能力

娜娜出生45天了，每每看着她白白嫩嫩的小脸蛋、亮晶晶的黑眼睛，妈妈都会情不自禁地露出微笑，内心是满满的幸福感。今天，刚刚吃过奶的娜娜，甜甜地睡去，一小会儿又醒了，还美美地伸了一个懒腰，妈妈简直被女儿给萌翻了。笑着伸手去够床边小柜子上的那件粉红色衣服，准备给女儿换上。忽然，妈妈发现女儿的眼睛追着她的手看，当看到她手里拿的东西时，竟然还兴奋地手舞足蹈了几下。

咦？宝宝的眼睛能追着看东西啦？不是说2个月之内的宝宝一般都不会移动视物，只能直视近距离的东西吗？我家娜宝真是太棒了！

新生儿不但有一定的视觉能力，尤其是天生最爱看人脸。视力发育正常的宝宝，一般都能表现出一定的“追随移动”物体的能力。就像故事中一个半月的宝宝娜娜，已经具备一定的视觉能力了。

新生宝宝具备“追随移动”视物能力的早晚，与“机敏觉醒时间”

有一定的关系。原来，有的新生宝宝在一定的月龄便能够追随移动的物体观看，而有的新生宝宝似乎不会看。这其实主要是和他们所处的状态有关——他们在“安静觉醒状态”才会看东西。

所以，如果想观察新生儿看东西的能力，首先，你要学会敏锐地认识新生儿的觉醒状态——“机敏觉醒时间”。并且，新生儿的“机敏觉醒时间”是很短暂的，必须善于抓紧时机，才可以观察到。

据儿科专家的研究发现，新生儿的“机敏觉醒时间”，只有在以下两种状态之下才会出现。

（1）“安静觉醒状态”：这种状态是新生儿的安静觉醒时间。处于此种状态的宝宝，他们的眼睛会睁得很大，明亮而发光，还很少活动。一般出现在吃过奶或是换过尿布时。宝宝表现得很机敏，不但喜欢看东西、看人脸、听声音，甚至还会模仿大人的表情，通常这时的宝宝，就能表现出“追随移动”的视物能力。

（2）“活动觉醒状态”：这种状态是新生儿的活动觉醒时间。在这段时间，宝宝的活动量会明显增加，尤其是眼和脸部的活动更加明显。有时候，他们好像在环视周围环境，并发出一些简短的声音。这时的宝宝也能表现出一定的“追随移动”的视物能力。

育儿小锦囊

新生儿的“机敏觉醒时间”，在一定程度上，可以开发宝宝的视觉能力与大脑智能，因而，一定得把握好时机。

首先，最好不要选择刚吃完奶后，这时的宝宝往往很困，不易叫醒；也要避免第二次喂奶前，这时的宝宝很饿，想吃奶，容易哭闹。“机敏觉醒状态”通常选择在吃奶后 1 小时左右，更容易取得。“机敏觉醒状态”的变化和睡眠周期有关。

其次，观察宝宝的这种状态时，室内的光线不能过亮，强光会使新生儿睁不开眼。为了引出婴儿视觉的出色“表演”，妈妈应给宝宝选一个舒适的体位，比如，采取坐位，将宝宝半卧抱在自己的膝上。然后拿一个颜色鲜艳的玩具，以引起宝宝的注意力，将物体轻轻地摇动几下，往往更能引起宝宝的注意力，使他全神贯注地观看，眼睛能随着物品的移动而转动。

如果宝宝身体状况不佳，比如有某些疾病或经历了不顺利的分娩过程，那么，他看东西时的机敏反应，有可能暂时不会出现。凡是正常而健康的婴儿，均有这种天生的视物能力。所以，爸妈们不必担心！

为宝宝培养良好的视觉能力，爸爸妈妈一定要为他创造一个良好的视觉环境。宝宝房间内的光线，要尽量柔和一些。光线过亮，会使宝宝睁不开眼；光线过暗，又会让宝宝看不清东西；这两种视觉，均不利于宝宝的视觉发育。所以，为宝宝创造良好的视觉环境非常重要。

另外，由于新生儿天生最爱看人脸，尤其喜欢看与自己亲近的人。所以，在宝宝觉醒时，妈妈或爸爸要多和宝宝面对面地交流，并以温和的目光注视着他，用笑脸吸引他的视线，用微笑与他交谈。这对促进宝宝的视觉及大脑功能的发展至关重要。

大量的临床研究发现，在经常性的亲子对视和逗笑中，可以让宝宝轻松地记住爸爸妈妈的笑脸，并使他的视力得到良好的发展。

第3节 远一些，近一些

3—5个月，视觉的适应和调节能力培养

吃过午饭，安顿好宝宝入睡，英子也忙中偷闲美美地睡了个午觉。补足精神的她，翻身起床时，发现宝宝也醒了，正静静地看着妈妈。英子立刻向宝宝露出了笑脸，还调皮地冲宝宝吐吐舌头，逗他玩儿，没想到，宝宝竟然咧开嘴，冲妈妈笑了，英子开心极了，细细数来，这好像是宝宝第3次冲她微笑。兴奋的英子忍不住冲宝宝嘟起嘴，发出“啵啵”的声音，没想到，宝宝不但微笑的时间更长了，还伸出一只小手，像是要摸妈妈的嘴。哇，宝宝才3个月，就能手眼协同，还知道距离的远近了！

儿科专家曾用“红外照相技术”观察新生儿的视觉能力，发现新生儿看图形时，总是先扫视图形的外部轮廓；然后，再看其中的细节。

同样，宝宝看人脸时，也是先看脸的轮廓，然后再看眼、鼻子和嘴等部位，大人的眼睛，最能吸引新生宝宝的注意力。

3个月的宝宝不但会注视妈妈的脸，而且还想用手接触妈妈的嘴，似

乎在告诉我们：他的眼睛和手之间，已经产生了不寻常的协调动作。

不过，3 个月的宝宝，虽然视觉与其他感觉已经有了很大的发展，但其“调节视焦距”的能力还很差，因此物品的距离太近或太远，均看不清楚，只能看到模糊的影子。这种状态会一直持续到出生后的 3—4 个月时才会改变。一般地，宝宝在 4 个月左右时，才有“调节视焦距”的能力。

因此，若想培养婴儿看东西的能力，爸爸妈妈须将物体放在距宝宝的眼睛 20 厘米左右的地方，这是宝宝看东西的最好距离。这个距离，也相当于妈妈抱宝宝喂奶时，妈妈的脸和宝宝的脸之间的距离。

当新生宝宝在注视妈妈时，如果妈妈的头向一侧慢慢移动，但仍然面对着宝宝的脸，你会发现，宝宝也会慢慢移动眼睛，随后转动头部，追随妈妈运动的方向；除水平方向外，宝宝还能从垂直方向追随着看别人看他的脸。

一般来说，不同月龄的宝宝，视觉能力的发育大不相同。通常，宝宝在 2 个月、3 个月、4 个月和 5 个月，这四个阶段视觉能力发展得最快，所以，一定要抓住时机，开发宝宝的视觉能力。

育儿小宝典

促进宝宝视觉发展，可以根据不同的月龄，进行不同的良性刺激：

1. 3 个月宝宝的视觉智能训练

3个月的宝宝，头、眼已经具有较好的协调性，视觉、听觉与记忆机能已经建立了联系，听见声音，能用眼睛去寻找，能向稍远的地方观看；并开始对颜色产生了分辨能力。训练视觉能力，可以提高宝宝的适应能力。

几种实用的方法：

（1）视线跟随上下移动：宝宝仰卧位，将一个玩具从宝宝的头部开始，向胸上部移动，引导宝宝的双眼，跟着玩具上下移动。

（2）随移动物体，视线越过中线：宝宝仰卧时，将他的头轻轻偏向一侧，然后拿玩具给他看；等他注意后，慢慢地把物体从一侧移到另一侧，引导宝宝的双眼视线能跟随玩具到达“中线”。

（3）色彩训练：当宝宝在床上仰卧时，可用一个色彩鲜艳的物品，在他眼前左右来回慢慢移动，但距离要适当，以引导宝宝将头向着物品方向移动，视线随物品而移动。

（4）目光随移动由近到远：抱宝宝坐在桌子旁，拿一个他喜欢的玩具，从桌面近的一端，慢慢移向远的一端，引导宝宝注视着玩具由近的一端到远的一端。

2. 4个月宝宝的视觉智能训练

宝宝在3个月之前，就可以持续地注视他感兴趣的物体。3个月之后，他们注视物体的时间更长、更灵活；到了4个月时，在视觉方面开始与手的动作相协调。

（1）追视滚球：把宝宝抱坐在自己的双膝上，坐在有镜子的桌子前，把一个小球从桌子的右侧滚向左侧，再从左侧滚回右侧。从镜中可以看到宝宝的眼睛和头跟着球转动，球滚动的速度不宜过快，以避免宝宝视觉疲劳。通过这个训练，可以培养宝宝的连续追视能力。

（2）注视小物：在白色的餐巾或毛巾中央，放一粒红色的小糖豆，逗引宝宝注意看这粒小糖豆。宝宝有可能会伸手去摸，或用手去抓弄，甚至把小糖豆抓起来放入口中。爸爸妈妈一定要仔细观察，避免出现宝宝把糖豆放入口中，吞下噎着的情形。

通过此观察，可以发现宝宝的手眼协调能力是否良好。刚开始，宝宝抓弄小糖豆的手掌动作，不会太准确，他可能先用手去拍打；可能会用五个手指把糖豆抓到掌心，但常常因为抓不准而掉下来。只要宝宝能抓弄小糖豆，就说明他手眼协调的能力良好。

这个游戏，可以很好地训练宝宝的手与眼的协调能力。

3. 5 个月宝宝的视觉智能训练

5 个月大的宝宝，其视觉与听觉的发育已相当成熟。他的双眼及头部会从一端跟随着到另一端，其动作可达 180 度。如果将玩具放在他的手中，他会握住，并能将玩具举到眼前，注视着它。这时采取一些具体的训练方法，可以提高宝宝的视觉能力。

（1）开关灯泡：和宝宝在一个较暗的房间里，利用数个不同颜色的灯泡，训练他的视觉能力。你可随意按亮其中一个灯泡，并让宝宝注意灯泡的开和关。通过这种训练，便能够锻炼宝宝眼球“调节光线”的能力。

（2）追逐光点：晚上，可将房间的灯光调暗一点，然后将宝宝抱在身上，爸爸或妈妈拿一个手电筒，让光点慢慢地在墙上移动，引导宝宝去看移动的光点。当宝宝注意到光点以后，可以将光点做上下、左右、远近及圆周等运动，以吸引宝宝快速地去追看。这个训练可以提高宝宝视觉的调节及适应能力。

（3）看较小的物品：除了让宝宝注意看大的物品外，还要让他注意看较小的物品，如围棋子、纽扣、黄豆、珠子等物。以训练视觉的细微观察能力，但一定要注意防止较小的物品被宝宝放入口中。

（4）看动态物体：让宝宝多看一些动态的景物也是训练视觉发展的不错的方式。比如早上升起的太阳、夜晚的月亮，还有奔跑的小狗、游动的鱼、行驶的汽车等等，对视觉追随能力的锻炼非常有益处。当宝宝的视线关注某个事物时，随即告诉他这个事物的名称，可以同时实现视觉与听觉共同训练的目的。

第 4 节　“红色的气球在哪里？”

6—12 个月，视觉色彩刺激促进智力发育

大林下班回家，给 6 个月零 10 天的儿子乐乐带回一份婴儿画报。乐乐看见爸爸开心得不得了，不过，更吸引他的是爸爸手里拿着的画报。乐乐紧盯着画报，一边咿咿呀呀地说着什么，一边伸出两只手直冲爸爸挥舞，妈妈几乎抱不住他了。大林赶紧把婴儿画报递给儿子，乐乐用两只胖胖的小手抓着画报，目不转睛地看着上面的图画。妈妈对大林说：“咱家宝宝有色彩视觉了？有自己喜欢的颜色了？”

6 个月的宝宝，他们的目光能够随着在水平和垂直的方向移动的物体在 90 度的范围内转动，并能改变体位以协调视觉，而且还有较精细和复杂的辨别能力，辨别场景也更深入。其实，宝宝在 4 个月左右的时候，开始感知基本颜色，除了继续强化黑白两色的环境，还可以帮宝宝打开彩色世界的大门，给他们看一些有简单色彩细节的图片。经过丰富多样、颜色鲜艳的图案刺激，加速脑部视觉区的发育，视觉系统察觉边缘、对比敏感力增强，从而启发更高层次的认知能力。

对宝宝来说，0—6 个月他们的视觉发育处于黑白期，他们最感兴趣的是对比强烈的黑白两色，尤其是那些黑白相间的图案等；6—12 个月，则进入了色彩期，这个时期也是宝宝辨别物体、物象细微差别能力（简称“视敏度”）的发展关键期，他们开始形成视觉条件反射，如看见奶瓶会伸手去要，会玩自己的手，能注意镜子中的自己。给这个阶段的宝宝颜色鲜艳、鲜明的图像和玩具，玩儿“色彩游戏”，最能刺激宝宝的视觉与智力。

育儿小宝典

1. 6 个月宝宝的视觉智能训练

（1）藏猫猫小游戏：拿一个红色的气球，先在宝宝的眼前晃一下，随即藏在背后，问宝宝“红色的气球在哪里”，看看宝宝的反应；也可以让宝宝坐在婴儿车里，把一个蓝色的海豚玩具或一根绿色的黄瓜放在他面前，让他看一下之后，随即用毛巾盖住，问他“蓝色的海豚在哪儿”“绿色的黄瓜在哪儿”。

如此反复做几次，增强对色彩、图形的认知，以及观察色彩的能力。游戏时，重点强调物品的颜色，让宝宝在游戏的过程中间接地认知各种色彩，加深记忆。游戏还有助于宝宝寻找视线之外的物体。

（2）观看色彩鲜明的物品：在室内布置适合宝宝月龄的大幅彩色图

画，或是在桌子前摆放颜色各异的花朵、彩球等，逗引宝宝注意观察不种颜色与形状的物品，促进宝宝的彩色视觉的发展，并使得他能认识并分辨不同的颜色，帮助他看较远距离的物体。过程中，要观察宝宝的反应，并给予回应。

（3）多看、多认有色彩的物品：待宝宝对色彩有了一些感觉之后，可以试着通过看颜色卡片来引导宝宝认识单独的颜色种类，比如红色的苹果、紫色的葡萄、粉色的小汽车、黄色的香蕉等。还可以边看边指认，不管宝宝是否能听懂，重复的认读会在宝宝的脑海里形成记忆影像。

2. 10 个月宝宝的视觉智能训练

宝宝长到 10 个月时，视觉发育有了显著提高，手眼协调的发育进步也很大，他们已经会用眼睛注视所看、所听到的人或物，并能准确地观察爸爸妈妈及其他成人的行为举止。根据宝宝这个阶段视觉发育的特点，来激发他的视觉智能，会起到事半功倍的效果：

（1）指图回答：用图画书给宝宝讲故事，当讲到“谁在吃萝卜”时，可以引导宝宝用手指着“兔子”回答；讲到“小鸭子要到哪儿去”时，引导宝宝注视河边，还能用小手去指。如此重复的训练，可以提高视觉记忆。

（2）图卡游戏：将颜色鲜艳、图案简洁的儿童画，如一些动物、食物、玩具等，贴在方盒的每一个面上，让宝宝一一辨认。之后，将一个图案的状况讲给宝宝听，比如小鸟有翅膀、会喳喳叫，帮助宝宝加强记忆。

（3）指图识物：拿一本动物图画书，让宝宝边观察边用动作或眼神表明对各种动物特点的认识。比如大象的鼻子长、小兔子的耳朵长、长颈鹿的脖子长等。从一个开始练习，时间1—2分钟，反复学习数次后，可以问宝宝："大象有什么？"通过观察、对比，提高宝宝的认识、分析和理解的能力。

3. 12个月宝宝的视觉智能训练

12个月时的宝宝，视觉发育较之前的精确程度大大提升。这时的宝宝开始对一些细小物体产生兴趣，并且能区分出简单的几何图形。针对这一时期宝宝的视觉特点进行训练。

（1）挑选、指认：一岁的宝宝，已经有了一定的记忆能力，可以让他认识一些较简单的实物、图片；还可以把几种东西或几张图片放在一起，让宝宝挑选、指认等。

（2）接触文字：可以在宝宝经常接触的东西上标些文字，当宝宝接触到这些东西时，就引导他注意上面的字，增加他对文字的注意力和接触机会，以刺激视觉的发展。

（3）扩大视野：带宝宝外出时，可以引导他关注一些路上看到图案或文字，如广告招牌、公共汽车、街道名称等，以培养宝宝的注意力与视觉能力。

（4）识字游戏：通过识字游戏来训练宝宝的视觉，也是个很好的方法。可以用一些简单的数字或文字卡，教宝宝认识，以培养他对文字的注意力和兴趣，以及对书籍的兴趣。不过，宝妈还应注意，一定要让宝宝在快乐的游戏气氛中自然而然地进行，而不能施加压力，以免引起宝宝的抵触心理。

视觉属于人类较重要的感觉之一，但在出生时发展程度却是最低的。视觉器官在出生后继续发育，且呈现出一旦萌发，发展迅猛的态势。因而，“视觉启智”是一种比较容易做到，且最见效的启智方法，特别要在宝宝 1 岁之前加以重视。给予宝宝良性的视觉刺激，对于开发宝宝的智能十分重要。而颜色视觉，对宝宝的心理发展也有着重要作用。

第3章

听觉敏感期

—— 孩子的听觉发展与理解能力

第1节“叮叮……这么响啊”

0—1个月，出生就有听觉需要

刚刚荣升宝妈一周的璐璐，自然生产很顺利，身体恢复得很快。宝宝吃饱喝足又沉沉睡去了，璐璐终于得空在“朋友圈”晒自己的可爱小宝贝的各种萌照。没想到，朋友们反应神速，看到她家宝宝的照片，点赞、祝贺、问询……安静了几天的手机霎时变成了欢快小闹钟，“叮叮”地响个不停。被声音惊到的宝宝，惊恐地睁开了眼睛，接着“哇哇”大哭起来。璐璐懊悔极了，赶紧抱起宝宝轻轻地安慰，心里有些讶异：宝宝的听觉居然这么灵敏。

宝宝的听觉在胚胎时期就发育了，在出生之前已经具有听的能力；出生后，宝宝的听力可能会暂时失去，这是因为生产过程中产道对胎儿头部的挤压，使得内耳充满了液体，影响了听力。宝宝在出生一两天后，液体消失，听力就会恢复。

经证实，胎儿对不同的适应有着不同的反应。在母体内的胎儿，不间歇地听着母亲的心跳声，久而久之，不仅习惯了，还会产生出安全感来。

此外，母亲的心音、血流声、肠蠕动声以及轻声的说话声，都给胎儿留下了最初的声音印记。

当宝宝脱离母体出生之后，他的听觉还保留有胎内的印象。因此，当新出生的宝宝哭闹时，只要妈妈抱起宝宝，并让他贴近自己左侧胸壁，靠近心脏的位置，宝宝很快就会安静下来，这是因为他听到了熟悉的心音。研究还发现，出生 3 天的新生儿大哭时，如果能听到高频率的声音在亲切地呼唤他，他便会把头慢慢地侧向呼唤声的一侧，而且能暂时地停止哭声。

由此可见，新生宝宝具有很强的听觉感受能力。不过，对于“噪音”，宝宝则往往显得很不耐烦，比如房门“砰”的声响、突然响起的电话铃声，都会令宝宝产生不适感。因此，宝爸宝妈们要在日常生活中，尽可能减少因为突如其来的声响，或是其他噪声对宝宝所产生的强音刺激。

宝宝在出生一周后，即能分辨出人声或物声。这是因为宝宝自出生起，便有声响的需要，他要从各种声响中产生“诱发效应”，从而很快根据声音辨别是不是“妈妈”，以获得安全感。

听觉对宝宝的智力开发非常重要。新生儿最喜欢听人的说话声。因此，爸爸妈妈要多和宝宝说说话。虽然宝宝还听不懂爸爸妈妈说话的具体内容，但爸爸妈妈充满爱意的声音，对宝宝来说却是世界上最美妙的声音，能产生安抚的作用，让他获得亲切感和安全感，也可以促进听觉的发育。

宝宝 1 个月左右时，会更加密切地关注人类的声音，尤其是音调高的人更会引起他们的注意。当你对他说话时，他会扭头寻找，看看你在哪边，并有意聆听你说出的不同音节。如果仔细观察，就会发现：宝宝的上、下肢会随着大人说话的语调和音高，有一些细微的动作活动。

一般来说，到满月时，宝宝的听力发育情况如下：

（1）听力从朦胧到完全发育成熟；

（2）能辨认一些不同的声音；

（3）会将头转向自己熟悉的声音和语言。

测探宝宝的听觉能力很重要。一来可以筛查宝宝的听觉是否有异常，早筛查、早发现、早干预，另外也是为促进宝宝言语发展做准备。

育儿小锦囊

早期检查宝宝听力的简单小方法：

在宝宝耳边摇几下“铃铛”，或是拍几下手掌等。有听力的宝宝，就会通过他的各种动作来回应。宝宝也许会稍稍皱一下眉，也可能表现出惊吓的样子，或者出现呼吸节律的变化，甚至呼吸增快或屏一下气，也许还会突然哭起来，等等，这些都在告诉你，他听到了声音。

这时的宝宝对噪音特别敏感，假如在他的耳边发出高调的“喀啦喀啦”的声响，或者让他置身于一个吵闹喧嚣的环境，就会发现：宝宝会出现一些情绪异常，委屈地哭泣、整个身体都朝着噪音传来的方向；而柔和、悠扬的音乐，则能起到安抚宝宝情绪的作用，而且宝宝还会转动头部和眼睛寻找音乐声音的来源。

因而，音乐是一种很棒的训练宝宝听力、安抚情绪的工具。各个年龄段的宝宝都喜欢用工具来制造声音。对于月龄较小的宝宝，建议使用打击乐，这有助于细微动作功能的发展。

爸爸妈妈要特别留意与宝宝之间的“对话”，它可以促使张口“说话”，宝宝咿咿呀呀地发声，为他日后的言语发展奠定良好的基础，也是爸爸妈妈听到的最惊喜的声音，带动亲子间的互动交流，增近情感连接。有研究发现，缺乏母婴言语交流的宝宝，开口说话的时期均迟于有母婴言语交流的同龄儿。

听觉的早期开发意义重大，它能使宝宝接受到外界不同的声音，使感官得到丰富的刺激，对语言的发展尤为重要。从小获得适当的听觉训练，可以促进宝宝语言智能的快速发展。

第 2 节 “这是谁在说话”

5—6 个月，能区分妈妈与他人的声音

刚出生的婴儿听力比较弱，只能对 50—60 分贝的适应刺激做出反应。一个月内的宝宝如果突然听到声音，眼睛会睁开，并且会哭泣。两个月大的宝宝如果被某些声音吵醒，眼睛会自然睁开；如果是被较大的声音吵醒，受到了惊吓就会开始哭泣。到了三四个月大，宝宝已经能够辨别声音，听到争吵的声音会不安，听到优美的音乐声则显得很高兴。五六个月大的宝宝头颈和眼珠的转动更加灵活了，他会扭过头去主动寻找声音的来源，比如爸爸妈妈和他说话，宝宝会转过头来看着爸爸妈妈。尤其是对妈妈的声音，会有明确的表情反应。此外，宝宝对自己的名字也会有所反应。

了解婴儿的听觉发育情况，采取有效的训练方式，可以促进宝宝的听力发展，并能培养宝宝的认知能力。

育儿小宝典

1. 听觉开发刺激

（1）可以给宝宝一些附有铃铛的积木玩具，让他边玩边听声音。

（2）可以在宝宝的手里放一个轻的、会嘎啦嘎啦响的手摇玩具。

（3）在宝宝的一侧耳朵旁搓揉纸张，然后再换另一侧耳朵。

（4）让宝宝听摇铃声、注视摇铃，并引导宝宝去摇动它，使它发出声音。

（5）从房间的不同地方和宝宝说话或摇铃铛，促使他用眼睛追寻声音的来源。

2. 练习注意声源

可用八音盒或其他带有响声的玩具，在宝宝的正面弄响，让他听到并且看到，引起他对响声的注意，以训练宝宝注意声源的能力。

3. 不同方位发声训练

从不同方位发出声响，以吸引宝宝前后、左右、上下、东西地寻找声音，感受发声源的不同距离，促进方位觉察能力的发展。

4. 寻找声源

可以在宝宝的侧面将玩具弄响，宝宝听到响声后，就会转头去寻找，以达到训练宝宝寻找声源的目的。

5. 接触各种声音

让宝宝从周围环境中直接接触各种声音，如房间里、室外或大街上，可以提高宝宝对不同频率、强度和不同音色声音的识别能力。

育儿小锦囊

听，是宝宝语言发展过程中非常重要的基础。因此，可以借助各种听觉游戏，帮助宝宝建立听觉注意力、寻找声源及理解生活中的各种声音，使其具备促进语言发展基础“聆听”的能力。

1. 学习操控声音

在床前摆放音乐铃，或播放轻柔的音乐，让宝宝听不同的声音；还可以给宝宝会发声的玩具，让他自己拿着玩，可以提升他操控声音的能力。

2. 训练对声源的反应

妈妈或爸爸可以常常在宝宝的头两侧说话，便于宝宝学习转向声源；或是拿铃铛、发声玩具做辅助，让宝宝试着辨别声音是从哪里发出的。当宝宝找到正确声源时，可以将发声玩具交给他把玩，将这份肯定和鼓励让宝宝感受到，会增强宝宝的自我满足感。

3. 建立"听觉的物理恒存概念"

拿一块布或一个纸盒将发声玩具盖住，让宝宝去寻找声音来源。这个简单的游戏，可以帮助宝宝建立"听觉的物理恒存"的概念。

4. 让声音与肢体名称联系起来

（1）将小铃铛系在宝宝的小手、小脚上；当宝宝移动手脚时，铃铛就会随之发出响声。

（2）根据发出响声的部位是手或脚，然后用手握住这个部位，对宝宝说："手，这是宝宝的小手。""脚，这是宝宝的小脚。"让宝宝看看自己的身体部位。

（3）一段时间后，宝宝就会发现自己只要一动手或脚，就会有铃铛响，这时他对活动的兴趣就会提高，并逐步学习用自己的力量去控制一些事物，甚至能够根据妈妈的语言指令，来活动相应的身体部位，让铃儿发出清脆的"叮当"声。

这个游戏，不仅可以训练宝宝听声音、辨别方位的能力，还可以通过声音与身体部位名称联系起来，加深宝宝对自己身体部位的认知。

第 3 节 “这种声音真好听哦”

3—12 个月，喜欢旋律优美的乐曲与儿歌

悦悦 4 个月了，每天午后睡醒了，总是哼哼唧唧地找妈妈。这天，妈妈趁悦悦午睡时给房间来了个大扫除。约莫着宝宝该醒了，妈妈来到了床边，发现小悦悦正睁着一双大眼睛望着妈妈，一副怡然自得的样子。

妈妈有些诧异，今天的小悦悦和平常不大一样，是不舒服吗？妈妈赶紧去抱悦悦，悦悦没像平常那样马上张开双手去回抱妈妈，仿佛沉浸在某种状态中，妈妈随着悦悦的视线，发现吸引她的是正在播放音乐的小音箱，原来是妈妈播放的舒缓的轻音乐声牢牢地吸引了小悦悦。

科学家曾就刚出生一天的新生儿做过一个实验，他们用嗡嗡声和铃声两种声音来做刺激，得出这样一个结论：刚出生的宝宝已经具备一定程度的听力了。也就是说，如果对刚出生的宝宝有意识地进行听觉刺激，他们的听觉能力会得到相应的提高。

其实，不但刚出生的婴儿有听觉，尚在妈妈肚子里的胎儿也能够感受到声音。他们能够感受声音的强弱，还能感受到音调的高低，而且偏爱轻柔的音乐。因此，许多胎教专家都会提倡给胎儿听轻柔的古典音乐。经常听优美音乐的胎儿，在出生后会更喜欢音乐，并且反应灵敏，性格开朗，智商较高。音乐不但能增强宝宝的乐感、注意力，还能开发智能，陶冶性情，所以，音乐在发挥每个宝宝与生俱来的潜力上，扮演着独一无二的角色。给宝宝一个快乐的音乐环境，十分重要和必要。

育儿小宝典

一、3—6 个月宝宝的音乐能力培养及听觉开发

1. 良好的音乐环境

悦耳的声音更能引起宝宝的兴趣，因而需要在家庭中营造温馨的音乐氛围，让宝宝随时随地都能获得音乐的熏陶，比如在宝宝睡前准备摇篮曲、小夜曲等舒缓、柔和的音乐，可以帮助宝宝安然入眠并形成睡眠的规律；白天，则可以选择节奏欢快的儿歌类音乐，无形中帮助宝宝辨别白天、夜晚，有助于形成良好的生活习惯。

2. 音乐要悦耳动听

声音对宝宝的听觉产生刺激作用，悦耳的声音能够让他情绪稳定，

因而要多给宝宝放轻松、欢快、轻柔、舒缓的音乐，不同曲调的音乐有利于宝宝分辨声音，促进听觉的发育，而形式多元、风格各异的音乐还可以让听觉脑波得以交互，促进大脑的发育。

3. 古典优美的音乐

古典音乐是饱含着文化与历史积淀流传至今的瑰宝，它是人类心灵深处智慧和人格的流露，蕴含着人性的柔美和天地的壮阔。古典音乐有一种经典的品质，值得去探知发现。生命之初，听觉神经的发育和成长，需要大量音声的刺激，风声、雨声等大自然之声以及人的声音，再辅之以音量适中的音乐之声，就是最自然、有效的教育方式。这个时期的音乐启蒙教育将成为其一生的兴趣和爱好，终生受益。每天定时给宝宝播放旋律优美的古典乐曲，每次时间在10—15分钟左右，将怡养秉性。

4. 玩耍与睡觉要播放不同的音乐

每个宝宝都喜欢音乐，当宝宝游戏的时候，播放曲调欢快、节奏鲜明的乐曲，以使宝宝玩得更快乐；宝宝入睡，则适合旋律舒缓、轻柔的摇篮曲，助宝宝进入甜蜜的梦乡。

二、6—12个月宝宝的音乐能力培养及听觉开发

创造温馨、愉悦的音乐环境，适时地给予宝宝音乐信息，可以刺激婴幼儿的大脑发育，促进他们学会表达和交流情感。

1. 情绪不错时

可以让宝宝经常听一首曲子，再穿插着听和这首曲子形成对比情绪的曲子，比如摇篮曲和进行曲，能让宝宝产生不一样的情绪感受与联想。

2. 玩得开心时

宝宝玩兴正浓的时候，播放轻快活泼的音乐，可以辅助宝宝将自己当下的心情与音乐中所表达的情绪联系在一起，产生共鸣。日积月累的音乐印象，能提高宝宝对音乐旋律的感受力。

3. 宝宝吃奶时

给宝宝喂奶时，选择优美抒情的旋律作为背景音乐，会让宝宝放松心情，怡然自在地进食，这是非常惬意的一段亲子时光。

4. 情绪不好哭闹时

音乐是情感的艺术，乐曲中包含有丰富的情感，而缓急有序的节奏，能与宝宝内心的情感产生共鸣，舒展身体，安抚情绪。当宝宝情绪不好，哭闹时，轻柔的音乐、悠扬的琴声，会净化环境，让宝宝的情绪迅速得到缓解。

5. 哄宝宝睡觉时

睡前时光，是非常温馨的亲子时刻。无论是给宝宝读故事，还是和宝宝说话，配上柔和、舒缓的音乐，都可以营造出安宁祥和的亲子氛围，有安神静心的作用，有助于提高宝宝的睡眠质量，而妈妈哼唱的摇篮曲对宝宝来说，是最美妙的天籁之音，是爱的流淌。

生活中离不开音乐。让音乐融入宝宝的生活，可以增添生活的情趣，还可以让宝宝从中获得无限的灵感和快乐，启迪心智，涵养品性。

育儿小锦囊

6—12个月宝宝的音乐小游戏

1. 打击乐器

选择一些简单的乐器，如拨浪鼓、小木琴、沙锤等，让宝宝手握乐器晃动，所发出的声音会让宝宝更加兴奋，还会随着节拍随意敲打并扭动身体，使得宝宝的肢体语言更加丰富多彩。

2. 一起说儿歌

爸爸妈妈多和宝宝一起说唱儿歌、童谣，让宝宝感觉到节奏感和韵律，促进宝宝主动发音、说话。

3. 听乐曲

多和宝宝一起听乐曲，选择不同风格的曲子，让宝宝沉浸在丰富的音乐世界中。

(1)训练绝对辨音：利用音感钟，让宝宝只听一种单音，如Do等音节，每次反复弹奏 3—5 分钟，每天 1—3 回，听 3—5 天，然后再更换下一个单音。

（2）等宝宝熟悉各种单音之后，再让宝宝听各音阶之间的差异，或弹奏简单乐曲；还可以给宝宝增加不同乐器声音辨识的训练。

（3）准备一些自然音乐，如流水声、鸟鸣声等可以产生让大脑放松的“α 波”，让宝宝经常聆听。

（4）等宝宝再大一点的时候，可以玩探声寻源的游戏。可以使用不同的乐器，在不同的方位敲，以训练宝宝听音辨位。

通过不同音乐的训练，宝宝往往可以分辨出原来音乐有许多不同的音，比如有高有低、有快有慢；而不同的乐器，则可以让宝宝发现声音的美妙与特性。

在培养宝宝的音乐能力时，谨记：选择舒缓优美的歌曲，避免太激烈或声音过强的音乐，以免损害宝宝的听觉神经系统。

第4章

语言敏感期

—— 孩子的语言发展与表达能力

第1节 “咿咿呀呀”

2个月，小天使，初学语

不少父母认为宝宝刚出生，并不了解语言的含义，因此和婴儿没有说话的必要，只要照顾好他就可以了。随着脑科学研究成果的不断深入，发现婴儿的脑细胞是在见、闻、觉、知的多种刺激下才能不断联结、重组，从而对周围的一切产生印象。

我们和婴儿说的每句话都会输入到他们的大脑中，同时他也会对大人所说出的语言做出反应。两三个月的宝宝，在吃饱喝足之后，会满足地发出“哼哼”声，偶尔嘴里还会发出一些“咿咿呀呀”的声音来。与此同时他的记忆机能与认知能力也在快速地发展，比如他能分辨出熟悉的声音，尤其是听到妈妈的声音时，会聚精会神地倾听，有时甚至还会发出“啧啧”声，似乎是在回应与模仿。不过，此时的婴儿的发声功能尚不完备，只能偶尔发出“a，o，e”等元音，或是偶尔发出的像鸽子一样的“咕咕”声。2个月的宝宝，呈现出的是语言智能最早的“萌动时期”。

这个阶段的婴儿，已经开始注意自己周围的世界了。觉醒状态下的宝宝，会专注地凝视着妈妈，某个时刻还会莞尔一笑；与妈妈对视时，会呈现出更为灵活、机警的表情；在与其他人接触时，有时能以发“o”音来回答社交刺激。

2 个月大的宝宝就需要进行语言发展的准备了。爸爸妈妈多和宝宝说话，声音刺激对于促进宝宝的发音至关重要。

育儿小锦囊

1. 训练宝宝发音

照顾宝宝的大人，要用亲切、温柔的语音对宝宝说话，并正面对着宝宝，以便让宝宝能看清说话时的口型。和宝宝说话时，发音要清晰，最好一个音一个音地发出，如“a，o，e”等。时间不宜过长，当宝宝出现不耐烦的表情时，就要停下来，让宝宝休息。可以选择一天中宝宝精神状态佳的时候，多次进行。

2. 训练宝宝发笑的反应

可将宝宝感兴趣的一些玩具放在他面前，当他全身心地注视后，再慢慢移动这些玩具，宝宝的眼睛能跟着物体转动，能提高集中注意的能力，宝宝有时看得高兴时，会发出笑声，多鼓励宝宝发出笑声，愉悦心智。

3. 拉长咿呀作语

当宝宝清醒的时候，妈妈可以面对着他，不断和他“交谈”，通过逗引，促使宝宝嘴里不断地发出“咿咿呀呀”的声音。之后，再逐渐增加宝宝“作语”的时间。

4. 宝宝说话要多引导

利用生活中的各种情境和宝宝交谈。比如，换尿布时，宝宝往往会兴奋地把小腿抬起、放下。妈妈可以说“嗨，宝宝好棒，会跳跳蹦蹦啦”“来，妈妈给你换一块舒服的尿布”，重复几次之后，每当换尿布时，宝宝就会做出一些伸腿、踢脚的动作。喂奶、洗澡、抚触时都要和宝宝进行交流。

宝宝刚开始“说话”时，仅是无意识地发音，而且较容易忘记。这就需要爸爸妈妈要有耐心，重复、反复和宝宝说话，以巩固他在无意识时说出的“话”，这些都是促进宝宝言语发展的必经之路。

育儿小宝典

捕捉宝宝的肢体语言

如果你认为小宝宝只会“哇哇”啼哭，什么也不会表达，说明对宝宝的发展了解得还不够！其实，小宝宝们与外界的交流，除了啼哭之外，还会用许多细微的肢体语言来表达他们的情绪、感受。

例如，正在摇篮里大哭的宝宝，妈妈快步走来的声音、温柔的安抚声，以及温暖的怀抱，都能够让宝宝很快地安定下来。又如，当听到妈妈熟悉的声音，宝宝会很放松、满足。

宝宝的这些表情、动作和反应，就是他的肢体语言的表达，我们也会通过他的外在表现，回应宝宝，从而建立亲子之间良好的沟通，增近母子感情的逐步加深，利于宝宝的智力开发。

新手爸妈注意观察宝宝对你的声音的反应，就能逐渐掌握宝宝的肢体语言的一些常见情形，更好地与宝宝产生亲子互动，促进他的健康发展。事实上，宝宝总是将妈妈的声音与关爱、食物、温暖和爱抚联系起来。每每这个时候，宝宝的神情会比较专注，有时候也会动一动小胳膊、伸伸小腿，或是面部表情发生变化，了解到这些微小而不易觉察的动作，其实就是宝宝在进行肢体语言的表达，亲子之间的联结就会更加紧密，宝宝更愿意与大人进行交流。

第2节 “ba，da，ga，ma” 8个月，宝宝会发出不少音节

宝宝6个月时，娟子重返职场。单位对哺乳期的员工比较关照，因而每天下午5点多钟，就能回家照顾宝宝。今天因为工作，娟子比平常下班晚，又接到婆婆的电话，说宝宝的纸尿裤不够了，让带一些回来。在超市居然遇到了老同学，简单聊了一会儿天，娟子急急忙忙往家赶，唯恐宝宝闹脾气。

果不其然，一进家门娟子就听到儿子哼哼唧唧的声音，娟子连忙放下手里的东西，边去卫生间洗手，边和儿子打招呼。听到妈妈声音的儿子，冲着妈妈的方向叽里呱啦的嘟囔，还张开双臂要妈妈抱。娟子听到儿子一连串的“m-am-amama”的声音，“哈，我家宝贝8个月会叫‘妈妈’了！”娟子高兴地将宝宝抱在怀里！

宝宝在五六个月的时候，会对发出叠词感兴趣，如果反复给他念“爸爸”“妈妈”“奶奶”等词语，他也会“咿咿呀呀”地回应着，这是他在学“说话”。8个月的宝宝正处于语言能力发展的第二个阶段，即连续

发音阶段。这个时期宝宝的“牙牙学语”变得更复杂了，他们的发音是近似词的音，而且多重复，比如“mamamama”。就像娟子的宝宝一样，能连着发出一些像“妈—妈—妈”的声音来。有研究发现，8 个月以后，宝宝就能够将不同的音节组合起来发音，虽然这些音节组合没有固定的模式，但已经可以表达出一些意思。比如“ba，da，ga，ma”的音节等。

这时的宝宝，还能够理解一些常用词语的意思，有时还会做出一些表示词义的动作，比如：听到“妈妈在哪儿”或“爸爸要走了”时，能转头寻找，并知道说的是谁。因而，当宝宝 8 个月大时，就要有意扩大他与周围人的接触和对话，以培养宝宝的语言能力。

育儿小锦囊

1. 教宝宝模仿声音

训练宝宝发 da—da 或相当于它的音。练习一段时间后，宝宝能明确连接两个或两个以上的辅音，如 da—da 或类似的音，但发音内容无所指。还可以教宝宝模仿大人弄舌和咳嗽的声音等。

2. 亲子快乐阅读

注重与宝宝进行亲子阅读活动。阅读时，可以用提问的方式引起宝宝的关注，然后自问自答，说给宝宝听。阅读时，要运用语音语调讲读故事，引起宝宝的兴趣。

3. 增加对话次数

这个时期的宝宝，人际交往圈在逐渐扩大。宝宝常常会主动与他人“搭话”，因而爸爸妈妈以及家里的其他亲人，都要尽量创造条件和宝宝交流并“对话”，为宝宝张口说话创造条件。宝宝也会在与周围亲人的接触和对话中，发展自己的语言能力。

4. 扩大宝宝的交往范围

要多带宝宝外出活动，可指着一些变化的环境讲给宝宝听，并且创造一些宝宝和其他宝宝“交流”的机会，孩子们用他们听得懂的“婴语”进行交流，这就是最初的社交。随着接触面的扩大，宝宝听到和感受到的内容在不断增多，对他们的语言发展和社会交往都有益处。

5. 让宝宝积极练习发音

利用各种机会促进宝宝发音，比如，叫“爸爸、妈妈”；运用动作发“拿奶瓶、喝水、娃娃”等音；养成生活习惯用语，“你好”“谢谢”“再见”等，不必要求宝宝一定说对、说准，目的在于引导他多多发音，并扩展认知，做好说话前的语音准备。

6. 教宝宝学发辅音

一般来说，测定证明宝宝的发音能力，通常宝宝满 200 天时半数会发 4 个辅音，如果爸爸妈妈经常同宝宝说话，那么，200 天左右宝宝就会发 5 个甚至 6 个辅音，并且还会表演辅音的意义。比如，在与宝宝玩游戏时，用手拿小车时说“嘟嘟”的音节，会模仿动物的叫声“汪汪、呱呱”，以此来促进宝宝的发音和对发音的理解。

育儿小锦囊

8 个月以后的宝宝还有一项小本领，就是可以学习使用手势动作来表达语言了。比如，爸爸去上班，妈妈教宝宝和爸爸说“再见”，并拿起他的小手挥一挥，几次之后，宝宝一听到“说再见”就会自己主动向别人挥手。

进入 9 个月的宝宝能模仿大人的声音，并要求大人有应答，表明宝宝进入了想要说话的“萌芽阶段”。对处于这个阶段的宝宝，爸爸妈妈可以通过以下游戏锻炼宝宝的“说话”能力。

1. 让宝宝认物发音

在宝宝的床上放置各种玩具，爸爸妈妈可以叫宝宝的名字说：“浩浩，你把小狗给我”或是“你把小鸭子给我”等，使词和物多次结合。

2. 训练简单动词

除了如“爸爸”“妈妈”之类的称呼外，还可以教宝宝说一些简单的动词，如“走”“坐”“站”等，在引导模仿发音后要诱导宝宝主动发出单字的辅音。通过训练，培养宝宝理解大人的词意，练习发音。

3. 理解语言

在生活中增强互动，促进宝宝对言语的理解。比如：问宝宝“妈妈在哪里？”“爸爸去哪儿了？”“奶奶在干什么？”鼓励宝宝用目光去追寻或用小手指认。

4. 集中重复

让宝宝形成语言信号反应。唱相同的歌或摇篮曲来逗宝宝，比如，如果爸妈经常给他看灯，告诉他“灯”，并指给他看，以后他一听到“灯”这个词的信号就会马上去找，这就建立了语言信号的反应。

5. 重复宝宝的音节

轻微地变化声音，慢慢地让宝宝模仿发出音节。此时，已不是单独的元音或辅音，而是发出一些音节。

6. 教一些音节的发音

有意识地教宝宝一些音节的发音，如 ba—ba，ma—ma，da—da 等。此时爸妈在宝宝发音时要给予应答和鼓励，使他建立此音与实际意义的联系，为宝宝以后有意识地叫“爸爸”“妈妈”打好基础。

此外，还要注意：

（1）要慢慢地并语音清晰地和宝宝说话；

（2）和宝宝说话时，要尽量使用短句，并要区分物体，说名字时要指给他看；

（3）别对宝宝说个不停，要给他时间反应，即使是以自己的方式。

第3节　“嗯嗯”“不要”

12个月，语言发育处于说话萌芽阶段

12个月之后，宝宝的语言能力可谓突飞猛进。这时宝宝不但能够有意识地发出单字的音节，还可以含含糊糊地讲话了，而且非常喜欢“嘟嘟叽叽”地说些什么，听上去好像在与人交谈似的；并且能有意识地表示一个特定的意思或动作，比如表示不要什么东西的时候，可能会一边摇着头，一边嘴里说“不不”。如果能掌握孩子语言能力的发展过程，给予正确的引导，1周岁左右的宝宝，可以顺利地说出“爸爸、妈妈、奶奶、哥哥、拿、走、不、抱”等10多个简单的词汇来。研究发现，1周岁的宝宝大约能听懂并掌握近20个词；能用一些简单的单词表达自己的愿望和要求，还开始会用语言与大人交流；尤其是还能够有意识地叫“爸爸”或“妈妈”了。那么，当你有一天突然发现，宝宝会清清楚楚地喊“妈妈”了，是不是特别兴奋呢？

陪宝宝长大的过程中，有一个特别幸福的时刻——那就是宝宝终于能主动叫“爸爸妈妈”了。这一刻，不只是爱与乐的甘泉，还是宝宝成长

发展的重要里程碑！

不过，要想和宝宝一起迎接这一重要时刻，就需要爸爸妈妈多下一些功夫，即充分利用与生活中的每一个场景，时时刻刻重视与宝宝的交流，多和他说简短的话语，并结合宝宝认识的亲人、身体、食物、玩具以及配合日常生活中的动作教给宝宝，就能达到意想不到的效果。而宝宝也在这个过程中，扩大了与周围世界的交流，这是多么令人兴奋与快乐啊！

育儿小宝典

促进“牙牙学语”时期宝宝语言发展的小方法：

1. 与宝宝玩电话游戏

准备一个电话玩具，也可以模仿打电话的动作。让宝宝坐在妈妈的膝盖上，把电话放在耳边，并同宝宝讲话：“喂，你好，你是宝宝，我是妈妈……”然后，把电话放到宝宝的耳边，重复同样的句子。这样重复几次后，就可以用两三个长句同宝宝交谈。在谈话中，要使用宝宝的名字和他能听懂的其他单词，如“你好”“妈妈”“拜拜”等，而后再把电话放到宝宝的耳旁，看他是否对着电话说话。

2. 与宝宝玩图卡游戏

将颜色鲜艳、图案简洁的儿童画，如动物、食物、玩具等，贴在方盒的每个面上，让宝宝辨认。可以先将一个图案的状况讲给宝宝听，如猫咪有四只爪子，会“喵喵”叫，多讲几次，再让宝宝学小猫“喵喵”的叫声。

3. 学习动作和用品语言

在日常生活中，通过指认家里的物品，让宝宝理解“关上”“开开”“上来”“坐下”“拿来”“给我”“放下”等词语的含义；每次给宝宝吃辅食时，清晰而准确地说明今天吃的是哪种食物，比如“香蕉”“苹果”“胡萝卜”“磨牙饼干”等；对于宝宝生活常用物品，如“奶瓶”“杯子”“牙刷”“帽子”等，每次使用时，要清晰地说明物品的名称，并放在固定位置。宝宝慢慢地就将实物、动作和语言结合起来，加强认知的同时，还能养成良好的生活习惯。

4. 念儿歌

多和宝宝念儿歌、童谣，过程中可以增加一些相应的动作，以增添乐趣。比如，《数字歌》：一二三，上高山；四五六，翻跟头；七八九，拍皮球；伸开手，十个手指头。边念儿歌，边辅以动作，比如随声点头、拍手或做其他相应的身体动作，多次重复，宝宝不但能记住儿歌，还能做一些简单的动作。

5. 理解训练——认物发音

摆放玩具或物品，叫宝宝的名字说“彤彤，你把洋娃娃拿给我”或是“你给我拿个苹果吃”等，可连续变换物品的种类，扩大词、物结合的范围。

在宝宝愉快的时候，可以问他“妈妈在哪里”“奶奶在哪里”之后，扩大询问对象，“电视在哪里”……让宝宝不但能听懂大人说的话，还会用目光或手指去追寻，并模仿发出相应的音节。

6. 模仿发音

使用有意义的单词，如“姐姐”“爸爸”“叔叔”“爷爷”“奶奶”之类的称呼。此外，还要观察宝宝见到爸爸时，是否想叫“爸爸”，见到妈妈是否想叫“妈妈”，以培养宝宝能理解更多的语言，并扩大与周围人的接触范围，增强对话能力。

7. 和宝宝寻找玩具

语言发育的第二阶段，是理解及信息存储阶段，在这个阶段宝宝能逐步理解简单的词意，如“灯关了”“灯亮”，配合动作给予语言指导——情景教育。培养宝宝的语言能力，还可以将宝宝经常玩的心爱的玩具藏起来，并说：“咦？小天鹅去哪里去了？”“洋娃娃哪里去了？”并逗引宝宝去寻找，以帮助宝宝理解词意。

育儿小锦囊

宝宝会开口说话是每一位家长热切的期盼。但是，也有宝宝的语言表达不同于同龄宝宝，甚至迟迟不肯开口，宝宝的这种情形会让很多爸爸妈妈心生紧张，担心宝宝是不是不会说话！儿童语言发展是有一定规律的。他们总会在恰当的时候“表达”出来，尽管如此，每个宝宝说话时间却不尽相同。宝宝“说话”的早与晚，与父母是否为孩子创造了丰富的语言环境有着直接关系。爸爸妈妈是否主动、热情地与宝宝交谈，对宝宝学说话起着关键作用。良好的亲子互动是促进宝宝学说话的有效媒介，爸爸妈妈和宝宝互动的品质和频率，决定着宝宝日后“沟通能力”的强弱。因此，爸爸妈妈可以采用一些方法，促使“不言声”的宝宝开口说话。

1. 帮宝宝把想说的说出来

宝宝的“咿咿呀呀”学语，既是他在学说话，其实他也在表达自己的意思，抓住这个最佳时机，帮助宝宝把他想说的话完整地说出来，一方面可以让宝宝感觉到大人理解他，另一方面可以让宝宝慢慢学习怎样用语言表达。说话时，语速要缓慢一些，便于宝宝记住，语调要有节奏，带动宝宝模仿。比如：“宝宝喝水！”“我们到外边去玩！”宝宝慢慢地会用“水”“去玩”表达他的需求。

2. 要直接对宝宝说话

引导宝宝开口讲话，最容易实现的方法就是直接和宝宝说话。爸爸妈妈将宝宝的每日生活直接和宝宝说出来，让他知道正在发生的事情，增加宝宝的生活经验，并与自己的生活产生联系。比如给宝宝添加辅食时，要明确告知“宝贝，我们要吃午饭喽！今天吃小馄饨，奶奶给宝宝包的。”“现在宝宝该玩玩具了！”宝宝就是在这样的话语中，积累词汇，并扩展生活认知，慢慢张口说出一些词语、短句。

3. 说出来再给

当宝宝指着想要的东西时，边帮宝宝去拿物品，边说出物品的名称，并鼓励宝宝模仿着说出他所指着的东西，然后把物品递给他。同时还可以教他用手势与发音结合，逐渐过渡到用词代替手势，然后再把想要的东西递给他。这样多次练习，宝宝掌握的词汇就会越来越多，张口说话的能力也就越来越强。

4. 强化重点

宝宝学习词语，不是一遍就会，而是要经历从理解到记忆再到能够说出这样一个过程。这需要多次重复与练习。因此，对于想让宝宝记住的词语或事情，需要重复强调，比如“这是奶瓶，奶瓶。”宝宝是在重复的强化中学习说话的。这一切都可以融入到宝宝的日常生活中，让它自然发生。

5. 认真听宝宝说的话

认真听宝宝“说的话”，并替他“翻译”出他的意思，是一种积极的回应态度，会极大地鼓励宝宝主动表达，增强说话的信心，更愿意主动说话。比如，当宝宝用手指着皮球“咿呀”时，帮助宝宝完整地说出一句话：“哦，这是圆圆的小皮球，安安要玩小皮球，是吗？”

6. 培养语言兴趣

想让宝宝尽快学会说话，就需要培养宝宝对语言的兴趣。比如，和宝宝说话时，声音要柔和，并辅以各种表情和动作；用抑扬顿挫的音调给宝宝读故事；及时回应宝宝的语言探知——翻译宝宝说的话，并给予肯定和鼓励；多给宝宝说话的机会，以激发他想说话的欲望，并从中国感受到“说话”的乐趣。

教宝宝说话时，要说宝宝想说的话，注意用夸张的口型和表情对着他，并一个字一个字地说。当宝宝学会说一个字后，再学另一个字，切不可求多心切。

第 4 节 “亮亮要喝水”

18 个月，到了宝宝说话的“分水岭”期

亮亮白白净净的，特别招人喜欢。可是，1 岁半的亮亮，很少能用单词或短句表达自己的意思，总是用行动表达自己的意思，比如：想要出去玩，总是一只手拉着妈妈或爸爸，另一只手指着大门口：“走走”或是“出门门”，很少能说出“我想出去玩儿！”的意思。邻居家的木木只比亮亮大两个多月，已经能说出完整的话，爸爸妈妈不免有些着急，亮亮怎么还不会说话？是不是他的语言发展落后了，这可怎么办？

其实，亮亮的表现恰恰是 18 个月的宝宝较为普遍的语言表达方式。宝宝从满周岁后，说出词汇的数量不断增长，能逐渐用单词的词汇表达意思。而他用一个单词所表达出的却是比这个词语意义更为丰富的意思，而且他们习惯用叠音词，就像亮亮说“走走”，并非只是说走这个动作，而是表达了想走出家门的意思。对于处在单词句阶段的宝宝，要根据情境和语调进行判断，并帮助宝宝说出完整的话语，为宝宝学说话打好基础。

宝宝在进入一岁半后，词汇进入激增时期，词汇量的增加为宝宝语句的发展——说完整的话提供了材料。从此时开始，一直到 24 个月这一段时间内，他们会用双词或三词组合在一起来说话，就像亮亮说“出门门”表达的是走出家门、出去玩儿的意思。这个阶段宝宝说的话就像是简短的电报句，常常使用动词、名词、形容词，因此可以抓住 18 个月这个词汇量剧增的阶段，多和宝宝说一些实词，为他完整说出句子做准备。

进入这个时期的宝宝的语言发展，也将进入一个新阶段，即他可以一步步地把语言和具体事物结合起来了，比如“爸爸抱我”“姥姥再见”等短句。此外，他们逐渐开始把“自己”带入到话语中，比如，从原来的“喝水水”变成了“亮亮要喝水”。这是宝宝在这时期的语言特点，被称为说话的“分水岭”，也是语言发展一个关键的敏感期。

这一时期的宝宝，能够理解和执行成人的简单命令，还能够跟着大人的话语重复地说一遍或几遍，比如妈妈说“如果高兴你就拍拍手”，随后做拍手动作，宝宝也会跟着说：“如果高兴你就拍拍手”，之后高兴地拍手。

18—24 个月的宝宝在语言表达上还出现一个现象，就是他们对词语的理解，比能说出的要多得多。因此，和宝宝谈话时，他会时常说出一些别人听不懂的话，令人惊奇不已，比如正在看图画书的宝宝，经常会冒出完整的话语来：“小兔子爱大兔子到月亮上面！”“小熊宝宝要睡觉。”

由此可见，宝宝一旦学会了“说话”，他的语言发展速度可谓是突飞猛进，几乎每天都有新词从他的小嘴巴里说出来，这是因为这个阶段的宝宝正处于“词汇爆发”时期。18—24 个月宝宝的词汇量的猛增，为他们能够流利地说话奠定了坚实的基础。

育儿小锦囊

此阶段，要结合具体事物、情景、动作等，多和宝宝明确地说出一些动词、形容词、名词等实词，为促进他们的语言表达做好准备。

1. 先教宝宝学说简单句子

与宝宝交流时，可以有意设置一些情景引导宝宝表达出来。比如，和宝宝一起做游戏，大家都开心地笑起来了，妈妈可以问宝宝："爸爸怎么了？"引导宝宝说出"爸爸在笑"；再如，"爸爸在干什么？"引导他说出"爸爸在刷牙"等。

2. 腼腆的宝宝要耐心引导

对于性格腼腆和内向的宝宝，除了耐心引导，还要多花些心思，采用一些巧妙的方式，鼓励他开口说话。比如和宝宝玩奔跑的游戏时，不断地重复话语，并强调其中重点的词语："兔子跑，小马跑，宝宝跑不跑？"宝宝在游戏中反反复复听到"跑"字，慢慢地就会开口说"跑"了。

3. 让宝宝表达自己的需求

如果宝宝还是用动作、表情来表达自己的需求，不要马上满足，而是要耐心地引导宝宝用语言表达出来，哪怕是一个字也好。这样的"逼迫"，会促进宝宝主动开口。许多直到 2—3 岁还不愿多说话的宝宝，有一个重要原因，就是大人总是习惯于满足他身体语言的要求，因而造成宝宝“懒得”说话。

4. 让宝宝学说“这是什么”“那是什么”

生活中，时常可以指着一些物品问宝宝：“这是什么？”“那是什么？”“那个东西是谁的？”让宝宝将单词转为会说短句，比如，“这是汽车”“那是皮球”“这是亮亮的帽子”等。

第 5 节 “我要吃那个大红苹果”

2 岁半，宝宝语言能力开发的最后促进期

翠翠 2 岁了，只是偶尔说一些简单的单词，看到别的小朋友能完整地说一些短句了，妈妈心里特别着急，也有些纳闷，平日里经常和翠翠说话，也很重视女儿语言能力的培养，为什么效果并不明显呢？

午饭后，妈妈和翠翠又开始亲子阅读了，今天的翠翠好像有点不一样，主动模仿妈妈说的话，大多能重复出来，妈妈立刻赞扬翠翠：“我家翠翠真棒！现在休息一下，妈妈去给你削个苹果吃。”“我要吃那个大红苹果。”翠翠突然对着妈妈说。

“哇！宝贝居然会说这么长的句子了。亲一个！”妈妈兴冲冲地去给翠翠削苹果，心里在想：宝宝说话好神奇啊！怎么一下子就从只会说“我要”“苹果”或是“大的”“红的”，变得能将这些词汇连在一起说出来了呢？

事实上，孩子的语言就是通过不断重复渐渐学会的。每个宝宝都会有一个“鹦鹉学舌”的过程，这个过程在宝宝还只有 3 个月大时，就已

经开启了，且一直延续。就像翠翠在和妈妈的阅读中，会模仿妈妈说的话，即使以往简单的词语“我要”“苹果”“大的”“红的”，其实也是在模仿大人。当宝宝对成人口中的每一句话发生兴趣，并发现每句话都能表达一个意思的时候，就会不自觉地去重复和模仿他人的语言。从一个侧面说明了宝宝的口齿已经发展到了能够模仿整句话的程度，这是促使宝宝能够说出整句话的基础。不断地模仿和重复的过程中，宝宝的语言能力不断得到发展，就像翠翠妈妈还在为孩子不能像其他小朋友那样说完整的话而焦急，翠翠在具有足够的储备后，忽然就能流利地说出完整的句子了。因此，这一时期又被称为宝宝说话的最后开发期。

育儿小宝典

1. 让宝宝学说出每个人的名字

1 岁多的宝宝，已经能够知道自己和家人的名字了。因此，用宝宝的名字去称呼他，比如“佑佑，过来吃饭了”。告诉宝宝爸爸妈妈及其他家庭成员的名字，比如“妈妈的名字叫刘玉”“爸爸的名字叫大林”等，会增强宝宝对自我的认识，也会为知道爸爸妈妈的名字而骄傲。

2. 让宝宝同布娃娃讲话

宝宝在和布娃娃玩耍时，往往会口里不断地发出古怪的声音，似乎在同布娃娃讲话。不妨利用这个机会，让宝宝模仿一些语气来跟布娃娃说话，比如："好宝宝，真乖！""哦哦，不哭啊！"或是"哦，你饿啦，来，马上就给你吃奶！"等，增强宝宝的同理心，并学会用不同的语调表达。

3. 让宝宝用词组表达意图

当宝宝学会用单个词表达自己的要求时，可以引导他用两个词、三个词组合起来表达要求。比如，当宝宝说"出去"时，可以依据他的形体语言明白他的意思，问他："是不是要到门外去？"然后教他说："我们要出门到外面去。"再如，问他："到哪儿玩？"引导宝宝回答出准确的方位名称，"到公园去玩。""到广场去玩。"

4. 让宝宝说出一件物品的用途

在宝宝掌握了一些常用物品的名称之后，可以给宝宝一样东西，告诉他这是做什么用的。先从最熟悉的物品开始，让他说明用途。比如，小木碗是吃饭用的、钥匙是开门用的、奶瓶是喝水用的、雨伞是挡雨用的、鞋子是要穿在脚上的等等，让宝宝渐渐说出一些物品的用途来。

5. 教宝宝一些儿歌

经常给宝宝念些适龄的儿歌，可以增强宝宝对语言的兴趣，比如：新年到，放鞭炮，小朋友，笑一笑。吃饭前，要牢记，伸出手，洗一洗。看图书，要坐好，慢慢翻来仔细瞧。小白兔，耳朵长，走起路来匆忙忙。小花猫，喵喵叫，老鼠见到跑不掉。大苹果，圆又甜，宝宝吃了长得欢。小朋友，不吃手不坐地，不捡地上脏东西。

育儿小宝典

通常来说，2 岁之后的宝宝，语言能力发展会有一个突飞猛进的大变化。会从“被动”转向“主动”的活跃时期，这个阶段的宝宝特别爱说话，整天“叽叽喳喳”说个不停。

这个时期的宝宝，语言最大的特点是学会说简单的句子了，比如说“宝宝要去吃饭了”“爸爸要去上班了”。如果宝宝迟迟不肯开口说话，或者还是只说一些简单的词汇，如“宝宝饭饭”“爸爸班班”，从而“偷工减料”省去句中的词。造成这种情形的除了宝宝的身体发育和遗传因素之外，很大程度上与父母平时对宝宝的语言训练不足有关。

因而，多给宝宝创造说话的机会，是父母需要做的事情。采用一些方式，多鼓励宝宝积极地开口说话，并给予积极的回应，都会改善宝宝的语言发展境况。

1. 让宝宝多接触、多看、多听

语言学家认为，大多数宝宝的语言表达，都是从他见过、听过和接触过的东西开始学习的。因此爸妈要让宝宝多接触、多看、多听，通过一些图卡、实物或见闻，反复地教宝宝认识事物，以增加他的词汇量，提高表达能力。

2. 激发宝宝对语言的兴趣

让宝宝爱说话，就要增加宝宝说话的兴趣。用适合宝宝说话的方式和他交流，多让宝宝听有韵律、节奏感强的童谣，从宝宝关注的事物说起，都可以激发宝宝的语言兴趣。

3. 对宝宝要多鼓励、勤表扬

2岁半的宝宝，喜欢做事、爱听表扬。因此根据这些特点，每天给宝宝一些展示自己才能的机会，比如“给爸爸把手机拿来”“帮妈妈将房门打开”“给布娃娃洗洗脸”等，并让他跟着说“开门”“拿手机”等。当宝宝按吩咐做完一件事，并表达出来之后，一定要夸奖他几句，以示鼓励。这时，宝宝会感到很高兴，从而更加乐意做事或说话。

4. “延迟满足”训练法

研究发现，每当宝宝要说出一个陌生的新词时，从大脑的指挥到发声器官的运动是需要一定的“反应时间”的，所以要给宝宝一个反应的过程。当宝宝要喝水时，先鼓励他说出“水”字来，然后再把水壶给宝宝，既满足了宝宝的愿望，也带动了他的语言表达。千万别让过分的照顾淹没了宝宝用言语表达需求的时机。

鼓励宝宝开口讲话，一定要让他自己主动地表达需求，父母只需耐心等待，给宝宝反应的时间。

第 6 节　“你说的狗屁吧”

4 岁，塑造“语言美”的时期到了

小玟最近有些闹心，因为总听到 4 岁的儿子自言自语地说一些难听的话。家里人说话都很文明，也很少吵架，儿子的一些话语是怎么学会的呢？

今天，小玟早早地来到了幼儿园，她想和老师聊聊，了解儿子是不是在幼儿园也总说污言秽语。还没见到老师，小玟就看到儿子和几个小朋友正热热闹闹地说话呢，小玟赶紧迎了过去，听到两个小朋友好像在吵架。

“你说的是屁话！”“你说的是屎话！臭大粪！”旁边的小朋友也在嘟囔：“臭屁话”“把他踢飞！”小玟赶紧把儿子叫了出来。

回家的路上，小玟问儿子：“你和小朋友们刚才说的话多难听啊！为什么要这么和同学说话呢？”儿子回答：“好玩呗！”

小玟儿子的表现，鲜活地将进入污言秽语的敏感期的孩子，说粗话、脏话，甚至是一些诅咒性话语的心理充分表达出来了。三四岁的孩子常常会自言自语地说一些“粗话”，甚至还会因为不随自己的心意而诅咒父母亲和小朋友，不是他们喜欢说“脏话”，而是已经能够熟练进行口语交流的孩子们，发现某些语言比较有力量，能够与其他人产生“共鸣”。也就是说，当孩子发现他说出的一些话会引起其他人的强烈反应的时候，他会感到很新奇。因而，更愿意去重复这一行为，反复说能够引起他人强烈反应的“粗话”“脏话”，以获得别人的关注。

当发现孩子开始喜欢说“污言秽语”时，勿需过分紧张，也不要认为孩子学坏了，更不能因此训斥、责骂孩子，因为，越是对他的反应强烈，他就越喜欢这样去做，而责骂会加深孩子的模仿，形成固化认识。面对这个时期的孩子，引领他们走出“污言秽语”区，塑造语言美，可以这样做：

育儿小锦囊

1.“冷处理”孩子的“粗话”

听到孩子说不良语言，爸爸妈妈的反应不要太强烈，尽量“漠视”孩子所说出的话。几次之后，孩子会觉得无趣，慢慢地对说粗话的兴趣会降低，自然也就不再喜欢说了。

2. 试着用合适的语言回应孩子

孩子说“粗话”的时候，除了漠视孩子的话语之外，还要用合适的、美好的语言回应孩子。把这个时期作为引导孩子用恰当的词语、合适的方式表达自己的情绪情感的契机，引导孩子不仅能说话，还要会说话，增强孩子的人际交流。比如，当孩子用“臭妈妈、坏妈妈”表达自己的不满时，妈妈可以这样回应：“坏妈妈有一个好儿子，坏妈妈就是好妈妈！”“快来闻一闻，香喷喷的儿子有一个香喷喷的妈妈！”轻松趣味的话语，引起孩子的关注，新的、好的句子让孩子去重复。

3. 让宝宝学会礼貌待客

在日常生活中，引导孩子当家里来客人的时候，带着他去迎接，可事先教他说一些礼貌之语。客人到来后，告诉孩子：“这是某某叔叔或阿姨，快向叔叔或阿姨问好。”如果客人带了礼物，就要让宝宝说“谢谢”。然后，就可以让他自己去玩了，不必参加大人的交谈。如果孩子非要当着客人的面拆开礼物，就要让他征求客人的意见——“叔叔或阿姨，我可以现在玩或吃吗？”等。最后，当客人告辞时，应带着宝宝一同去送别客人，并让他说“叔叔或阿姨慢走”“欢迎下次再来”等。

4. 找寻孩子说粗话的源头

孩子之所以说粗话，除了好奇、尝试以外，很大程度上与他所处的环境有关。爸爸妈妈是与孩子相处时间最多的人，自然地，自己的语言习惯就会影响到孩子。因而，父母要找找自身原因，有没有说“粗话”的习惯，或者是口头语，有则改之无则加勉。如果是幼儿园小朋友有此类情形，除了与老师沟通，给孩子创造良好的语言环境之外，还要用合适的方式引导孩子尽快度过这个阶段。

5. 在优秀的儿童读物中美化语言

选择一些经典的优秀读物，和孩子一起阅读，对于故事中美好的话语、优美的词汇，可以重点和孩子一起重复练习，丰富孩子的词汇量，并理解词义，和孩子朗读，感受语言的美好。

6. 让宝宝学会说“对不起”

宝宝4岁之后，应学会人际交往中的文明用语，特别是能向他人说“对不起”。可以就发生的某件事情，和孩子进行交流：“你还记得上次豆豆弄倒你积木的事情吗？当时你很难过是吧？如果豆豆向你说了‘对不起’，你是不是就不那么难过了？当我们不小心弄坏别人的东西，或者给别人带来不便时，一定要说‘对不起’，这样大家还是好朋友！”让孩子知晓“对不起”的力量。

7. 文明接打电话

手机、电话是现代人交流的非常普遍又重要的通讯工具，让孩子掌握文明接打电话的问候语和流程，是其生活中不可或缺的事情。

可以和孩子用打电话的游戏模仿，比如，接通电话要先称呼对方，如“叔叔或阿姨好”等，然后自报家门“我是某某”，接着说“请帮我找某某”或“我有什么事”，电话打完后，要说“再见”。

当宝宝接电话时，要先说“你好”；当对方要找家里其他人时，要说“请稍等一下”，然后轻轻放下电话去找人；如果对方要找的人不在家，则说“对不起，他不在，请留下您的姓名和电话，等他回来我让他与您联系，好吗？”

在日常生活中，逐步改变孩子说“粗话”“脏话”的尝试阶段，让孩子浸润在美好的语言环境中。

育儿小宝典

为孩子创造一个丰富而多元的语言世界，可以提高他们的语言能力，增强人际交往的主动性和自信心，促进孩子身心健康成长。

因此，父母要做好示范，比如：说话时语气要温和，语句要简单，语速宜慢，还要有适当的停顿；说话的内容尽可能结合孩子的生活或是眼前的事物、当前的活动；和孩子的交流要声情并茂，适当夸张的表情和动作，能吸引孩子，鼓励他们也参与到话题中，并让自己说的话生动有趣。

以下方式都是可以采用的：

1. 妈妈讲故事——《贪吃的小馋猫》

小花猫走在大街上，感觉肚子有点饿。它走进一家商店，看见了红红绿绿的瓶子，随手打开了一个红颜色的瓶子，“咕咚”喝了一大口。

“呸呸呸！红颜色的真难喝！”

于是，小花猫又打开绿颜色的瓶子，“咕咚”喝了一大口。“呸呸呸！绿颜色的真难喝！”

接着，小花猫又打开蓝颜色的瓶子，“咕咚”喝了一大口。“呸呸呸！

蓝颜色的真难喝!”

这时，一个小男孩走过来，惊讶地说 :“哇? 谁在墙上画了这么好看的画呀? 红红的花儿，绿绿的森林，蓝蓝的天空。”

呵，原来小花猫喝的是在墙上画画用的难闻的油漆啊。

故事讲完后，妈妈可以和孩子一起探讨 :“小花猫饿了，它去了哪里? 看到了什么? 做了什么?”

让宝宝准确说出颜色，然后就“小花猫喝的难喝的东西是什么”展开联想，引发孩子自己思考，油漆是否能喝? 如果喝了油漆会发生哪些后果? 最好能让孩子自己发现不能随便碰别人的东西，不能随便乱吃东西。还可以和孩子做个约定。

2. 亲子游戏——小脚小脚跳一跳

小脚小脚走一走，

小脚小脚跳一跳，

小脚小脚跺一跺，

小脚小脚踩一踩。

一边教宝宝念儿歌，一边与宝宝一起做相应的动作，以培养宝宝表演儿歌的能力。

通过游戏，让宝宝认识、了解小脚的作用及活动方式，并让他学会朗诵表演短儿歌，开发语言能力；并且认识字：走、跳、跺、踩。

3. 借景发挥——简单而经常

生活中的诸多场景都可以借题发挥，比如和孩子散步时，一起认识路边的树木、花草，了解它们的特点与习性等等，还可以做延展。

4. 引入概念

可以将一些概念引入谈话中，让内容更加具象化，比如看到路上的树，辨认是什么树？属于灌木还是乔木？粗壮还是纤细？会不会开花？哪个季节开花，等等。由此可以了解季节与植物的关系等等。

5. 生活中的数学

生活中时常会遇到数学概念，比如去超市，可以念出价格、产地，数一数数量等等。

6. 实物命名

生活环境中遇到的各种物品、场景，都可以和孩子一起给这些东西命名，既扩展孩子的认知，也加深对物品的认识与理解。

成长加油站

啼哭也是语言的一种表达，0—12 个月，不同的哭声里隐含的婴语。

啼哭，是新生宝宝与外界建立联系与交流的“语言”。宝宝离开母体的一刹那，用哭声向人们宣告他的到来。之后，生活中的各种情形，饿了，渴了，尿了或拉了，冷了或热了，或者是一个姿势睡够了，想让抱一抱、甚至感觉孤单了，想有人陪一陪，都会用啼哭来表达自己的需求和情绪。

啼哭，是宝宝与大人沟通的主要方式。所以，不必为宝宝的哭声烦恼，那是宝宝在和妈妈说话，学会聆听宝宝在“说什么”非常重要。

1.“哎哎”——我饿了，妈妈啊，快给我奶吃吧

宝宝的这种哭声，是“饥饿性”啼哭。这种哭声多带有乞求感，哭声往往是由小变大的，甚至很有节奏、不急不缓的样子，当你用手指触碰他的面颊时，他会立即转过头来，并用小嘴做出吸吮动作。倘若这时你还不给他吃东西，他就会哭得厉害起来。不过，一旦喂奶，哭声便会戛然而止，特别立竿见影。

2.“嗯嗯”——怎么没人管我，我尿床了啊

这种哭声，是宝宝尿布湿了的啼哭。这种啼哭强度较轻，往往有种欲哭无泪的感觉，情况多发生在睡醒时或吃奶后啼哭。并且，在哭的同时还会两腿一直蹬被子。而一旦你为他换上一块干净的尿布，小家伙立即就不哭了。

3.“哼哼”——我困了你们知道吗？不要再打扰我

这种哭声，是宝宝困倦的啼哭。并且，啼哭呈阵发性，是一声声不耐烦的号叫，这就是老年人常说的“闹觉”。主要原因是因为身边的人太多，声音喧哗使他无法安静地入睡等，理解了宝宝的“哭声抗议”，宝宝很快就会停止啼哭而入睡。

4.“哇哇”——好痛啊，是什么东西扎着我了

宝宝的这种哭声，是疼痛的啼哭。其原因往往是异物刺痛或虫咬、硬物压在身上等产生的病痛或不舒服感所引起的。因此，这种哭声比较尖利，应仔细检查被褥、衣服中有无异物，或者皮肤是否被蚊虫咬伤等。

5.“嘤嘤”——怎么办啊？我要拉屎了

这是宝宝大便前的啼哭。在大便前，由于肠蠕动加快，宝宝会感觉腹部不适，并且他知道拉屎需要有人照顾，这时的哭声往往会很低，而且两条腿乱踢蹬。

6.“啊啊”——妈妈，我身体不舒服啊，你知道吗

这种哭声往往是持续不断、悲悲切切的，而且有很多眼泪。造成这种啼哭的原因多是：养成了洗澡、换衣服的习惯，没有洗澡或换衣服时，就会感到全身不舒服；又如被褥不平整，也有可能引起啼哭。

7.“呜呜”——我已经睡醒了，怎么天还没有亮呢

这是想要亮光的啼哭。一般来说，如果宝宝白天睡得很好，一到晚上就哭闹不止，是因为在睡眠上昼夜颠倒的缘故。若是打开灯光，宝宝的哭声就停止了。

8.“哟哟”——妈妈呀，你给我盖得太多了吧

这种哭声，往往声音很大，烦躁不安，因为这是燥热的啼哭。所以宝宝会四肢舞动，身上出很多汗水，只要减少宝宝身上的衣被，或是把

他抱到凉爽的地方，哭声就会停下来。

9. “呜哇哇”——这奶怎么这么烫？让我怎么吃

如果在喂水和喂奶 1—3 分钟时，宝宝突然阵发性地哭起来，其原因往往是水、奶过凉或过热，奶头孔太小吸不出来奶水，奶头孔太大奶水太冲、呛奶等原因引起的。对此要立即解决，以免他哭闹不休。

10. “呀呀”——哎呀，肚子真不舒服，让我吃这么多

这是宝宝过饱的啼哭。一般哭声都比较尖锐，并且两腿乱蹬，且有向外溢奶或吐奶的现象，情况多发生在吃了食物之后。此时，最好的办法就是把宝宝腹部贴着妈妈抱起来，哭声加剧，这样因过饱的哭闹，且不必多哄，哭闹本身就可加快消化。

11. “嘿嘿”——我一个人待烦了，有人陪陪我吗

这种啼哭，是宝宝意向的哭法，其哭声平和，带有颤音。哭时宝宝常常是头部不停地左右扭转，似左顾右盼，一副寻找人的样子。这时如果你走到宝宝跟前，啼哭就会停止，还会用双眼盯着你，一副着急的样子，并会小嘴唇翘起，这副样子就是要你抱抱他。

第5章

动作敏感期

——提升孩子的动作发展智能

第1节　蹬腿、踢脚、挥胳膊、抬头

1个月，动作萌发“敏感期”

婴儿一出生，就有一定的运动能力，如打哈欠、凝视、咧嘴笑、吸吮自己的拳头、蹬腿、踢脚、抬头、挥手、摇胳膊、扭头等等。特别是当妈妈在新生儿身边与他人谈话时，宝宝的躯体就会主动地运动起来，常常会表现出转头、手上举、腿伸直等一系列的动作，甚至有时候还会伴随成人的说话有节奏性的动作表现呢。如果妈妈继续与他人高兴地谈话，婴儿还会继续做动作，如伸足、举臂等一系列相连贯的小动作，就好像是在应和妈妈，很有趣吧！

新生宝宝与生俱来的运动本领是令人惊叹的，他们的这些本领在日后与爸爸妈妈的交往中不断地发展。动作是个体与环境互动的重要手段，对于婴儿期的宝宝来说更是如此。动作本身的发展构成了个体发展非常重要的一个方面。注重动作潜能的开发，要从新生儿时期就开始，宝宝的每一个小小的动作，都是他们身心健康发展的晴雨表。大动作的发展为婴儿在积极的游戏和日常玩耍中提供了与社会活动的机会；精细动作的发展则主要表现在手的抓握动作上，在很大程度上体现出认知系统的发展状况。

科学研究发现，出生 2 周之内的婴儿，身体往往会出现一些痉挛，他的小下巴会颤抖，手也会抖动。当突然运动或听到很响亮的声音时，往往表现出受到惊吓的样子，而且还会哭泣。

新生儿的动作主要表现为：

（1）局部跳动、手臂震颤地动；

（2）将手放到眼睛前或口中等能看得见的范围；

（3）趴着时，能将头从一侧转向另一侧；

（4）如果没有支撑，头部会向后摔；

（5）手部会紧紧握成拳头状；

（6）身体强烈的反射性运动。

宝宝的身体随着神经系统的成熟和肌肉控制的熟练性，差不多在 30 天左右，颤抖和抖动的动作会逐渐地消失，取而代之的是较之前顺畅的上下肢运动。此时，如果把宝宝腹部朝下放在床上，他的下肢往往会做出爬行的动作，手臂也像是要撑起来的样子。这些自发的动作虽然简单，却代表着宝宝身体的发展与成长。

如果宝宝从出生就能够得到较为充分的动作锻炼，将对他的身体健康的发展，以及心理和社会性的发展产生积极的影响作用。其实，宝宝在他出生约 1 周后，就会表现出一些与运动相关的行为，抓住这个时机给予宝宝一些动作刺激，促使宝宝在重复的练习中，获得足够的信息，让宝宝获得满足的同时，还帮助他的大脑学习控制肌肉，实现学习的“自动化”。

育儿小锦囊

新生宝宝动作训练方法：

（1）宝宝俯卧时，让他慢慢地抬起头，并转向一侧。

（2）用手掌轻轻抵住他的小脚，让他做出爬行的样子。

（3）双手扶着宝宝的腋下，让他慢慢站直，使他的双脚踩在平面上，看他会不会自动做“踏步动作”。

（4）给宝宝做被动操。

抬头运动是新生宝宝首先需要学会的一课，并且进行得越早越好。抬头运动可以锻炼颈、背部肌肉，可以扩展宝宝的视野，让他熟悉周围的环境，建立更多的联系。

抬头能力的训练方法

1. 训练俯腹抬头

这个动作最好是在宝宝空腹的时候做。将宝宝放在胸腹前，让他自然俯在妈妈的腹部。然后，妈妈将双手放在宝宝的背部按摩，用温柔的声音逗引宝宝抬头。慢慢地，小家伙就会真的抬起头来。

2. 让宝宝学俯卧抬头

出生 10 天左右的宝宝可以进行这个训练。时间最好选在两次喂奶之间，每天让宝宝俯卧一会儿，并用玩具逗引他抬头。但要注意的是：床面要尽量硬一些，时间 3—5 分钟，以免宝宝太累。

3. 竖抱时让宝宝抬头

喂奶之后，将宝宝竖抱起来，使他的头部靠在妈妈的肩上；之后轻轻地拍几下宝宝的背部，让他打出嗝，以防止刚吃饱而溢奶。之后，让宝宝的头部自然立直片刻，不要去扶宝宝的头，让他自己去找寻平衡，哪怕只是短短的一瞬间，都能很好低促进颈部肌力的发展，每天 4—5 次。

新生宝宝在即将满月时，身体发育出现较大幅度的提升，他的背部肌肉发育迅速，基本可以控制头部的运动。当腹部朝下趴着时，他会努力抬起头，并从一侧转向另一侧。并且开始关注自己的小手，虽然还不能准确地控制自己的双手，但只要手进入视线，就会尝试着将拳头放到嘴里，这个动作是手的动作以及视动协调的萌芽，是精细动作的开始。

新生宝宝的肢体运动智能体现在如下方面：

育儿小宝典

1. 大动作

（1）抬头：俯卧时头能微微抬起来。

（2）转头：向左右扭转。

（3）扶坐：用双手扶住宝宝上臂，宝宝的头能竖直 2 秒以上。

2. 精细动作

抓握：能握住笔杆等细小东西 10 秒以上。

3. 语言

喉音：与宝宝说话，宝宝会用细小的喉音回应。

4. 认知

（1）注视：将物体放在宝宝正面 20 厘米处，宝宝能注视 7 秒以上。

（2）寻声：用声音在宝宝头部周围引逗，宝宝会转头寻找声源。

5. 行为

逗笑：用各种方法逗宝宝，宝宝会笑。

6. 自理

宝宝会根据大小便提示做出动作反应。

国内外研究都发现婴儿期不同动作的出现有着清晰的时间点，而这些时间点恰恰是儿童正常成长和发育的标志。因此，婴儿期动作技能的发展存在着重要的里程碑。

婴儿期动作技能的发展状况，是由神经系统的成熟程度来决定的，遵循着一定的原则。

1. 整分原则

动作技能的发展最初是全身性的、杂乱散漫的，随后逐渐分化为局部的、精确的和专门化的动作。例如，婴儿长到三四个月大时，他的动作技能还以集中性为主，挥舞整只手、啃咬拳头，直到九十个月时，才能用拇指和食指抓取东西。

2. 头尾原则

动作技能的发展遵循从头部向下发展的顺序。头、颈、上身动作的发展先于下肢动作的发展。个体的动作总是沿着抬头—翻身—坐—爬—站—行走的顺序而逐渐成熟的。取物、站立、行走等是一系列运动能力的发展。

3. 远近原则

动作技能的发展遵循从中心到四周发展的实践。躯干和肩膀动作的发展先于手和手指动作的发展。

4. 大小原则

婴儿首先出现的是躯体大肌肉的动作，如头部和躯干的动作，随后才是手部小肌肉的动作。

第 2 节　两只小手不时张开，尝试去触摸东西

2—8 个月，开始通过小手认识世界

妈妈发现快 3 个月的玥玥的两只小手和之前有所不同了，原来总是紧紧握成小拳头的小手，现在时不时地会张开，还舞动着好像要抓东西。这让妈妈感觉到了生长的神奇。今天喂奶时，玥玥的小手全张开了，5 根细细的、嫩嫩的小手指，还试着去触摸奶瓶，特别有趣。妈妈开心极了。

婴儿在 3 个月之前，基本是拳头紧攥，有时会和手臂一起乱伸乱动，做出的动作比较杂乱散漫。从 3 个月起，婴儿会表现出一些不随意的抚摸动作。他们常常会无意地触摸自己身体上盖着的小被子，也会抚摸妈妈的手和自己的小手。婴儿在 4—6 个月后，开始表现出随意的抓握动作。这是手部动作的一个重大发展。为了抓握物体，需要由手眼协调和五指分化作为支持。

有人说：“手的动作代表着孩子的智慧。”的确如此，因为大脑中有很多专门处理手指、手背、手心、腕关节的感觉和运动信息的细胞，

大脑中用来处理来自手的感觉信息和指挥手的动作的细胞所占的比例最大。手的动作越精巧、越复杂，就越能在大脑皮层建立更多的精神联系，从而使大脑变得更灵活、更聪明。

可以说，灵巧的双手能够刺激大脑的进一步发育，而大脑的发育也可以使手的动作得到进一步发展。孩子用手去摸、抓、捏、扔、拽，不是一个简单的动作，而是有目的地探索世界的行为，是用手感知一切能触到的事物以及区分它们之间差别的行为。

其实，孩子的小手发育是有年龄特点的。只有了解孩子手部的发育过程，才能更好地帮助他度过手的敏感期。

0—2 个月，婴儿的手具有抓握反射，会反射性地抓住放入手中的东西，大约到了第二个月的时候，注重先天的抓握反射消失，抓握能力不如从前，这预示着他正在从被动抓握向主动抓握发展。

3 个月，婴儿开始玩自己的小手，并有意识地去够东西，只是距离判断不准。

4—6 个月，随着视力的发展，婴儿的抓握比前一阶段更具方向感了，能够从在眼睛的指引下主动张开小手去抓东西，不过多数宝宝仍无法灵活地运动手指。

7—9 个月，婴儿能够用一只手把物品或玩具拿起来，用另一只手的指尖抚摸它，然后双手轮换着玩儿。

10—12 个月，经过不断练习，婴儿对用拇指和食指配合捏取物品已经相对熟悉。注意力开始从抓握动作转向完成一些简单的任务。

育儿小锦囊

促进手部精细动作发展的练习

（1）训练手部的触碰能力

有意识地将宝宝抓握的玩具放在他手中，如拨浪鼓、摇铃等发声玩具，以训练触摸能力。用玩具去触碰宝宝的小手，让宝宝感觉不同的物体类型。还可以让宝宝用他的手去触碰不同质地的物品，比如爸爸妈妈的脸、喝水的水杯等等。

（2）训练手部的触摸能力

选择不同质地的玩具或物品，让宝宝触摸，比如海绵条、绒毛玩具、布积木、图画书、纸卷等；也可以将手指塞入宝宝手中使其握住，并留握片刻。

（3）训练手部的抓握能力

选择适合抓握并且会发出响声的玩具，如摇棒、铃棒、串珠等，让宝宝抓握。但要注意：装有珠子和小铃铛的玩具一定要结实，以防脱落后被孩子误食。

（4）训练手眼协调能力

握着宝宝的手，帮助他去触碰、抓握面前悬吊的玩具，每当抓到玩具后积极回应宝宝，激发他的参与热情，以此可以练习宝宝的抓握能力与观察力，促进眼手的协调能力和视觉的形成。

促进手眼协调的练习

手眼协调是婴儿发育过程中非常重要的一种能力，它体现出眼、脑、手之间的配合与协作的程度与水平，并与动手能力、自理能力紧密相关，将会影响到未来的学习能力的发展。

手眼协调能力的 3 个训练步骤：

（1）手部感知练习：可在宝宝的手腕上系上铃铛、红色手帕或鲜艳的手镯等小物品，以此来吸引宝宝对手部的感知，帮助他感知手的存在、体验手的动作。还可变更系法，看看宝宝是否注意到这些变化。

（2）眼睛观察：完全脱下系在宝宝手上的手镯、红绸带，再让宝宝瞧瞧、摸摸，让他感觉一下这些东西与手部动作的关系。

（3）让宝宝仰卧，将一块手绢盖在他的脸上，也可只盖住一只眼睛，开始时，可以抓住宝宝的上臂来引导他，并帮他试着用手移开脸上的手绢，接下来逐渐减少帮助，让他自己动手将手绢从脸上移开。

促进手臂活动能力的练习

随着身体技能的不断发展，婴儿手臂活动的频率与范围也越来越多、越来越大，多做些手臂运动，有助于宝宝手部肌肉的发展与强壮。

(1) 训练伸手接近物体

妈妈抱着宝宝靠在桌前，爸爸在距宝宝1米远处用玩具逗引他，慢慢地将玩具靠近宝宝，让他一伸手即可触到玩具。如果宝宝不会主动伸手，可引导他用手去抓握、触摸和摆弄玩具。

(2) 训练宝宝的双臂力量

将玩具拿到宝宝胸部的上方，宝宝看到玩具后，会舞动双臂去接近，但手不一定会靠近玩具，或仅有微微的抖动；如将玩具放在桌面上，宝宝看到后，也会出现自动挥举双臂的动作，不必要求他一定抓到玩具。

(3) 训练宝宝伸手抓住近处的玩具

抱起宝宝，将玩具放在距宝宝一侧手掌约2.5厘米处的桌面上，鼓励宝宝抓取玩具，他能一手或双手抓取玩具。

(4) 扩大宝宝手部的动作

在桌前给宝宝摆上多种玩具，如小丸、积木、小瓶、盖子、小勺、小碗、水瓶等。鼓励宝宝去触碰玩具，并知道用积木玩搭高，将盖子扣在瓶子上，用水瓶喝水，将小勺放在小碗里“准备吃饭”，还会用拇指和食指捏起小丸等等，不仅可以训练宝宝手部的灵活性，提高手部技能，还可以建立对应关系，促进思维的发展。

第 3 节　啧啧，小家伙要“翻身”了

3 个月，“翻身运动”，大动作发展的第一个敏感期

帅帅 3 个月了，胖乎乎的，甚是可爱，而且常常用他的一个个小变化，带给妈妈成长的惊喜与快乐。

这天下午，妈妈想去卫生间，就把帅帅平放在婴儿车里，边让他躺好，边告诉他妈妈去哪里，让他稍稍等一会儿，妈妈就回来。几分钟后，妈妈快速返回到小车边，就看到帅帅侧身卧着，嘴里“啃着”自己的小手，玩得不亦乐乎。

“天哪！帅宝宝你可真厉害，居然会翻身啦！”妈妈开心地冲帅帅竖起了大拇指。

新生儿除了能被父母抱着，几乎不能做任何移动。翻身，是宝宝身体活动的第一个“移动”手段，更是婴儿继抬头、挺胸动作后的又一个新的大动作行为，是手臂、颈部和腿部肌肉力量增强的结果。

一般地，3—4 个月的宝宝开始学习翻身。刚开始翻身时，婴儿还不能从仰卧转为俯卧，也不能从俯卧转为仰卧，只能从仰卧转为侧卧，就像小帅帅一样，或是从侧卧转为仰卧，也就是只能转半个身。5 个月的时候，

俯卧时宝宝能用肘支撑着将胸部抬起，肚子着地。6 个月，婴儿开始能独立坐着。

7 个月时，宝宝俯卧在床上时可以手脚划动，身体向后退。8 个月的时候开始爬行，还可以用手掌和膝盖支撑，肚子离开地面。差不多 10 个月的时候，可以由人扶着站立，慢慢行走。大约到 12 个月左右，婴儿开始独立行走。

翻身，在婴儿的大动作发育中，起着承上启下的作用。当宝宝从出生后就一直仰卧的姿势，发展到能翻身趴着抬起头时，他会看到另外一番景象，因而，往往显得非常兴奋，在他们的眼前，一个可以用与大人一样的视线看周遭的新世界就此打开。翻身所带来的手臂、颈部、腰部和腿部力量的增强，为以后的坐、立、走等大动作的发展，打下良好的基础。

在大人眼中简单的“翻身”动作，对宝宝来说，却是一个难度相当大的动作。因而，想要助宝宝成功“翻身”一臂之力，就要学会接收宝宝所发出的“翻身”信号。

育儿小宝典

1.“翻身”信号之一

宝宝在仰卧睡觉的时候，如果总是将自己的脚向上扬，或者总是不断地抬起脚摇晃，那么，这就表明他有了“翻身”的意识。

2.“翻身”信号之二

总是平躺着睡觉的宝宝，最近突然总是向着一个自己感兴趣的方向侧躺着睡觉，如果把他转过来，可他还会侧过去，就表明宝宝有了翻身的意识，只是他还没有掌握“翻身”的要领。

3.“翻身”信号之三

当宝宝在趴着睡的时候，总是不断地自觉并自如地抬起头，有时甚至还能将头与胸部都抬起来。说明宝宝现在的颈部和背部肌肉都已经很有力量了，此时的他已经有足够的能力进行“翻身”运动啦。

育儿小锦囊

助力宝宝翻身的小方法

1. 在宝宝醒着时，将他从惯常的仰卧位翻到侧卧位，再从侧卧位翻到俯卧位，几次循环，让宝宝体会不同卧位的感觉，刺进身体的运动。时间不宜过长，3—5 分钟即可。

2. 宝宝侧卧时，在他眼睛看得到的地方，放一个他喜欢的玩具，吸引宝宝关注，然后再给宝宝一个助力，轻轻地推一下，让他把自己的身子翻过去。

3. 宝宝自己有侧身的动作时，可以轻轻牵着宝宝上边一侧的胳膊，往他侧身的方向慢慢地拉几下，同时，再教给他如何转动自己的腰部和屁股，以助他的身体可以翻过去。

4. 宝宝侧卧位时，把他的一条腿放到另一条腿上，再将他的一只手放在胸腹之间，同时轻轻托住他的肩膀，并在背后慢慢一推，宝宝就能翻过去了。或用玩具逗引一下，宝宝就会自己翻过去啦。每天训练2—3次，每次训练2—3分钟即可。

成长加油站

日常生活照料，也是促进婴儿运动能力的重要因素

俗话说“三翻六坐八打爬，一岁走路叫妈妈”。出生第一年，婴儿的生活基本上都要靠外界的帮助才能进行。可是，生命的第一年，婴儿动作的发展非常迅速，他们从最初只能躺着，到可以抬头、翻身、坐、爬、站立和行走，每一个阶段都十分重要而关键，对一生的发展都有着积极而深远的影响。

除了进行动作的训练，日常生活中的一些方面对宝宝运动发展的作用也不可忽视，特别是对于2—6个月的宝宝。

1. 衣物要宽松

宝宝所穿的衣服，以及包裹他的被褥，都不要紧紧束缚在身体上，既不利于皮肤的呼吸，还会让宝宝产生窒息感。宝宝的衣服应柔软、宽松、舒适，并以不妨碍身体活动为宜。

2. 不要捆绑得太紧

不宜将宝宝捆绑得太紧，否则不但会压迫肌肉，影响身体发育，还会限制四肢的活动能力。要让宝宝的身体在舒适的状态下生长发育，发展动作技能。

3. 手脚自由地伸展

不要给宝宝穿戴手套、脚套的衣服，允许宝宝的一双小手能自由摆动或随意抓东西，同时，也要让他的一双小脚能随意伸缩、自由地活动。这些都是在促进宝宝动作的发展。

第 4 节　哎呀，宝宝居然会“坐”了

6 个月，从卧位到坐位，大动作发育的第二个敏感期

6 个月的铭铭，突然对翻身失去了兴趣，即使妈妈怎么用喜欢的玩具逗他，好像也吸引不了他。妈妈有些纳闷，这个小家伙又想做什么呢？

观察了两天，妈妈发现铭铭平躺着的时候，老是抬起头来，有时还会拽着妈妈的手。直到今天下午，当铭铭有拽着妈妈的手时，妈妈顺手把铭铭扶了起来，没想到，铭铭开心极了，挥舞着双手，咿咿呀呀地直喊，妈妈恍然大悟：原来宝贝想坐起来了！

其实，婴儿在大约 4 个月大的时候，能够在外力的支撑下坐着。宝宝能坐起来就表示他的肌肉和神经已经发展到了脊柱的末端，是宝宝运动机能发育正常的重要指标。

最初的时候，宝宝要依靠双手的支撑才能坐上几秒，随着背部、腰部的肌肉变得更加有力、结实，他就可以不需要支撑稳稳地坐着了，双手也可以去抓拿其他的东西了。当婴儿学会坐起来时，他们对世界有了

全新的看法。这令他异常兴奋！

这个阶段的婴儿，其肢体动作能力获得了很大的发展。手部的抓握能力已经相当强，不但可以牢牢地抓住东西，还会自己伸手去拿；能够熟练地翻身，还能“坐”一小会儿，如果想让宝宝稳稳当当地独坐，就需要进行“坐立”训练，促进运动机能的发育。

育儿小锦囊

1. 宝宝扶坐练习

宝宝仰卧，让他的两手一起握住妈妈的拇指，妈妈用力握住宝宝的手腕，另一只手扶着宝宝的头部坐起，再让他躺下，恢复原位。若宝宝的头能挺直不向后倒，可渐渐放松扶头的力量，每日练数次，锻炼宝宝的腹部肌肉，增加手掌的握力及臂力。

2. 坐坐站站

双手扶住宝宝的腰部或腋下，成站姿，让宝宝的两腿成 45 度角分开，然后双手扶腰，将宝宝身体向下推按至坐姿，然后顺势仰卧下去，片刻之后再扶坐、站立，反复进行 3—6 次。

过程中，宝宝由躺变为站，由站又变为坐，宝宝在姿势的变化体验中感受到乐趣，也很有成就感，身体也会随之变得强壮。需要注意的是在训练时要保护宝宝的胳膊和腰部。

3. 独坐练习

当宝宝能够靠坐后，可以进行独坐练习。爸爸妈妈先给宝宝一定的支撑，再慢慢撤去支撑，帮助宝宝的坐姿日趋平稳，锻炼颈、背、腰的肌肉力量，为宝宝稳稳地独坐打下基础。

4. 身体平衡

身体平衡能力是坐得稳、坐得住的最根本的能力，因而要避免一直抱着宝宝，而是抓住日常生活中的各种机会，锻炼宝宝掌握身体的平衡。比如，让宝宝自己坐在玩具区玩玩具，或是让他伸手取物、摇动玩具；或者大人将玩具举起，并在宝宝面前摇晃，让他伸展肌体去抓，这些小活动都可以使得宝宝的身体逐渐得到平衡。切记过程中，要注意保护好宝宝的颈和腰不受到挫伤。

5. 抬头挺胸

将宝宝扶至坐姿，用一根细绳将能够发出悦耳响声的玩具或色彩鲜艳的彩球挂在前上方，逗引宝宝主动抬头、挺胸、支起腰部看或抓玩具。好玩的玩具和爸爸妈妈的呼唤声能牢牢地吸引着宝宝的注意力，身体姿势也随之发生了变化，这种无意识的状态，可以锻炼婴儿的腰部、颈部和背部的肌肉力量，让他坐得更好。每次玩耍，可以反复 4—6 次。

宝宝在坐立抓玩具过程中，有时会因为身体不稳而歪倒或倾斜，爸爸妈妈要及时进行保护和援助，同时将其身边的障碍物及时清理掉。

6. 坐立起来

爸爸或妈妈坐在地板上，双腿平放并分开成 V 字形，然后将宝宝放在里面，如此即可以帮宝宝熟悉坐姿，多训练几次，宝宝就能挺起腰板来了。

成长加油站

宝宝练坐三不宜

婴儿从“卧位”发展到“坐位”，是动作发育的一个重大进步。当宝宝可以“坐”的时候，展现在他眼前的环境更加开阔而丰富，吸引着他更加主动地去探索、去感知，这些尝试都会促进婴儿身心的发展。

不过，宝宝学会稳稳地独坐，并不是一件容易的事情，需要具备良好的统合能力、平衡感以及身体力量的发育。是一个循序渐进的过程，切不可操之过急。

怎样的坐姿，宝宝才算是会“坐”了呢？可以从几个方面估测：宝宝呈坐位时，头能主动离开床面并抬起，腰背较直挺并主动抬头，能自由活动，身子不摇晃。坐在椅子上能直起身子，不倾倒。当身子倾倒后，能自己再坐直。

在锻炼宝宝独坐时，要注意三个事项，以免造成不可预知的伤害：

1. 不可单独坐

训练宝宝“坐”时，大人一定要守护在旁边，不可让宝宝单独坐在床上，以防宝宝因还不能很好地控制自己的动作，出现歪斜、掉下床的情形，受到意外伤害。当宝宝能够独坐时，要将他的周围用护栏围起来，确保安全。

2. 不宜坐太久

宝宝的脊椎骨尚未发育完全，长时间坐着，容易导致脊椎侧弯，影响正常的生长发育。因而学坐时，时间不宜太久，最好能在他的背后放个大垫子，帮助保持身体的平衡。

3. 不要跪成“W”形

在练坐时，不要让宝宝两腿成“W”状或两腿压在屁股下坐立，这样容易影响腿部的发育，最好的姿势是采用双腿交叉向。

第5节 “爬一爬”，宝宝会爬了

8个月，学爬行是婴儿成长过程的里程碑

自从怀孕后，阿文就特别注意学习育儿知识，她了解到：爬行在宝宝的动作发展中具有非常重要的地位。不仅可以锻炼宝宝的协调能力，还能增强小脑的平衡感，对日后的学习都有很大的影响。因而，阿文非常关注女儿的爬。

可是女儿已经8个月了，虽然两只小脚丫会不时地蹬几下，但还不会自己往前爬。阿文想有什么方法能帮助到女儿学会爬呢？

宝宝在爬行的时候：头颈仰起、胸腹抬高、四肢交替轮流抬起，协调地使肢体负重，让肩胛、胸腹、腰背及四肢等部位的大肌肉得到充分的锻炼，增强肌肉的力量。爬行是一种需要手、脚及全身动起来的高级运动，涉及身体左右、上下，及交叉协调的能力，尤其是四肢的协调性和灵活性，可以说，既锻炼了耐力，也训练了爆发力，会让运动能力更强健、更灵活。

爬行是婴儿经过平躺、翻身、端坐、打滚之后，人生第一次独立、

自主地进行位移，是孩子从平躺到行走的重要转折期，关系着婴幼儿的身体协调、社会交往、视觉空间、大脑双侧分化等能力的构建，也关系到他成为小学生后学习能力、专注力等的发展，对整个人生都有着深远的意义。

可以这么说，爬行是一种综合性的强身健体活动，对宝宝的身心健康十分有益，同时还是预防感觉统合失调的重要手段，并为日后的站立和独立行走打下基础。因而，爬行在婴儿的成长过程中，是具有里程碑意义的动作技能发展。

育儿小宝典

爬行对婴儿成长的重要性

1. 有助于抽象概念和空间概念及距离感的形成

宝宝在学爬行时，须统合感官讯息和手、眼、脚配合，才能了解周遭环境和前进，这些刺激可发展宝宝的空间概念和距离感。宝宝也因爬行知道自己身处何处，以及如何避开障碍物，有助于抽象概念的形成，将来有益于数理的学习。

2. 扩大认识范围

爬行对宝宝心理的发展与智力潜能的开发有较大的促进作用。爬行，可以让宝宝正面面对世界，扩大宝宝的认知范围，有利于宝宝听觉、视觉、平衡器官以及神经系统的发育，同时也为宝宝建立、扩大和深化对外部世界的初步认识创造了条件。

3. 促进平衡能力的发展

爬行，对控制眼、手、脚的协调有极大的益处，能够促进宝宝的平衡能力。练习爬行，可以使宝宝的动作能力迅速发展。在大动作方面，如翻身、坐、站、走，精细动作如手指拿物的完成，都需要运用到不同的肌肉群。爬行可以强化躯干及相关肌肉，并且运用手眼协调，促进粗细动作技巧，将来有助于书写、阅读和运动技能的发展。

4. 感觉系统的统合

爬行时，可以加强前庭与感觉系统的统合；爬行时，由于左右肢体交替轮流运动的冲动通过桥脑交叉，整个大脑几乎都在活动。所以，充分爬行是全方位的感觉统合训练，可以使身体感觉灵活并使触觉能力发展。另外，还能促使身体发育得更健康。

5. 促进手眼协调能力的发展

宝宝爬行时，眼睛到地板的距离以及眼睛到手和目标物的距离，约等于将来阅读时眼睛到书本、眼睛到黑板和书本的距离，这种距离感的养成可奠定将来课堂学习的基石。爬行还可刺激内耳或前庭系统，有助于维持平衡感与手眼协调能力，还可以刺激左右脑均衡发展，使理解与记忆增强。

6. 促进骨骼的生长

宝宝在爬行的过程中，头颈要抬起来，而胸腹要离地，就要用四肢支撑身体的重量，这就锻炼了宝宝胸腹背与四肢的肌肉，并可促进骨骼的生长，为日后的站立与行走打下良好的基础。

7. 累积生活经验以及学习成长

宝宝在学爬的过程中，可以学习探索周遭环境，并学习避开障碍物。这些学习经验将化为好奇，并且能培养勇于探险的能力，为未来独立解决问题而建立自信。

宝宝爬行的五大要素

1. 开始学习爬行的时间

研究发现，8 个月大的宝宝，是学习爬行的最佳年龄阶段。这个时期的宝宝，前庭和小脑的协调能力使身体活动时有了保持平衡的可能。

一般来说，宝宝能够自如翻身后就可以学习爬行，不必等宝宝完全会坐才开始学习。爬和坐的发展在时间上有所交叉。

2. 亲子互动有助于爬行学习

当宝宝可以拖曳而行、肚子贴地地拿到玩具时，应适时地给予宝宝称赞、鼓励。亲子互动有助于爬行的学习，爸爸妈妈与宝宝在地板上玩耍，与宝宝的视线在同一平面上，让宝宝可以见到挚爱的爸爸妈妈，会激发出他主动爬行的愿望。

3. 诱发学爬动机

学会爬的重大意义是宝宝能随自己的意志移动身体。就学习的动机而言，如果将吸引宝宝的玩具放在身边，想学爬的意愿可能会降低，因此可以将玩具放在离宝宝身边有一定距离的地方，诱发其学爬的动机。

4. 提高宝宝的兴趣

爸爸妈妈在训练宝宝爬行时，要先让宝宝趴下，成俯卧位，把头仰起，用手把身体撑起来，再把宝宝的腿轻轻弄弯放在他的肚子下。这时，爸爸妈妈要在宝宝的面前，放些会动的、有趣的玩具，如会唱歌的娃娃、不倒翁、电动汽车等，以提高宝宝的兴趣。

5. 启发、引逗宝宝爬行

让宝宝学爬，要先想办法让宝宝自己去移动身体。首先，让宝宝俯卧，爸妈在宝宝前面摆弄会叫或会响的玩具，吸引宝宝的注意，并不停地说："宝宝，小汽车开走了，快来拿啊！"让宝宝产生想移动自己身体的意识。这时宝宝想去拿，但不能向前爬，常常会手往前一伸就趴下，还有的宝宝在原地打转或向后退。这些都是宝宝学习爬行的过程，对此爸爸妈妈不必着急，可以有意识地教宝宝学习向前爬，先引起他的兴趣，当宝宝想拿前面玩具时就会尽力向前移动自己的身体。

育儿小锦囊

宝宝学爬行是复杂的运动发展过程，首先宝宝必须撑起头、胸，然后是绕圈而转、腹部贴地地拖曳而行、规律地摇动手与膝盖，直到匍匐前进，对此，爸爸妈妈一定要耐心地教导。

1. 预备练习

经过预备练习，宝宝在趴着时就能用两条小胳膊支撑和腹部蠕动，使身体匍匐前进，那样子犹如一架将要起飞的小飞机，两条小腿在后面拖着。这时，爸爸妈妈就可以正式教宝宝往前爬了。

2. 将小肚子托起

当宝宝趴着时小肚子离床面很近。爸爸妈妈可将宝宝的小肚子托起，把两条小腿交替性地在腹部下方一推一出，每天练习数次。

3. 爸妈配合效果好

宝宝学习爬行的时候，爸妈配合起来效果比较好。比如，爸爸拉着宝宝的双手，妈妈推宝宝的双脚，拉左手的时候推右脚，拉右手的时候推左脚，让宝宝的四肢被动地协调起来。经过几次练习后，宝宝就能够向前爬了。

4. 用大毛巾提起腹部

在爬行的过程中，如果宝宝的脚不动，可以把手放到他的膝盖上，帮助他弯一下小腿，但不一定非要推他的脚。开始爬行时，宝宝可能很费力，腹部离不开床面，可用一条大毛巾提起腹部让他练习手膝爬行，以后逐渐减少帮助，让宝宝练习自己爬。渐渐地，宝宝的上下肢协调起来，就可以用双手及双膝协调灵活地向前爬行了。

5. 先让宝宝练习用手和膝盖爬行

当婴儿的两条腿具备了一定的交替运动能力后，他就能前进了。虽然有时会后退，需要及时地用双手顶住宝宝的双腿，使宝宝得到一点支持力而往前爬行，这样慢慢就能学会用手和膝盖往前爬了。

6. 再练习用手和脚爬行

等宝宝掌握熟练用手和膝盖爬行的动作之后，可以让他练习用手和脚爬行的能力。具体步骤如下：

（1）先让宝宝趴在床上，大人用双手抱住他的腰，把他的小屁股抬高，使得两个小膝盖离开床面；

（2）宝宝通常会小腿蹬直，两条小胳膊支撑着，可以轻轻用力把宝贝的身体向前后晃动几十秒，然后，再放下来；

（3）如此，每天练习 3 次，便能大大提高宝宝的胳膊和腿的支撑力。

7. 促使宝宝往前爬

当支撑力增强后，家长在双手抱腰时，可以稍用些力，促使宝宝往前爬。训练一段时间后，可根据情况试着松开手，并用玩具逗引宝宝往前爬，并用一些语言鼓励宝宝，慢慢地，他就完全学会爬了。

8. 独立爬行练习 4 个小窍门

（1）“自由爬”：先整理一块宽敞干净的场地，并且还要拿开一切危险物和脏物。之后，爸妈可以在四周放一些玩具，任宝宝在地上抓玩。但要注意的是：必须让宝宝在你的视线范围内活动，以免发生意外。

（2）“转向爬”：先把有趣的玩具给宝宝玩一会儿，然后当面把玩具藏在他的身后，引诱宝宝转向爬。

（3）“定向爬”：当宝宝趴着时，妈妈可以把球等玩具放在宝宝面前适当的地方，以吸引他爬过去取。待宝宝快拿到时，再放远点，如此反复训练。

（4）“爬行小路”：先将一些不同的物品散放在地板上，比如把泡沫地垫、毛巾等物品，排列起来，形成一条有趣的小路，之后，诱导宝宝沿着“小路”去爬，并且能感受不同的物品。如此训练几天之后，再以不同的方式排成另一条小路，让宝宝继续学爬。

此外，在教宝宝爬行时，如果宝宝真的不知该如何向前，可以用手在他的臀部轻轻推一下，或用手掌抵住他的小脚掌，宝宝常常会向前扑，慢慢地就学会爬行了。

9、宝宝学爬行的特别事项

（1）在宝宝刚饮食后，不宜立即练习爬行；

（2）每次练习爬行的时间不宜过长，10 分钟左右为宜，贵在坚持；

（3）让宝宝学爬，要有足够大的爬行空间；

（4）对于宝宝学爬，爸爸妈妈要有耐心，不能急躁；

（5）要培养宝宝学爬的兴趣。要选择宝宝情绪好的时候进行，可以用宝宝非常喜欢的玩具逗引他向前爬，以引起宝宝的兴趣。

爬行本身就是一种探索认知的行为，因为好奇心的驱使，宝宝会更容易勇敢地探索事物，为宝宝更早、更好地认识世界打下良好的心理基础。因而，要多多鼓励宝宝爬，即使他已经可以直立走路了，依然可以继续在爬行中获得成长和快乐。

成长加油站

宝宝学爬应注意的安全事项

宝宝的爬行运动，有赖于骨骼肌肉的发育。宝宝学会爬行这一新的本领，会激起爸爸妈妈喜悦的心情，但是，此时爸爸妈妈更应该注意宝宝爬行的安全事项和卫生等问题。

1. 逗引宝宝的玩具一定要安全

宝宝在 7 个月后，手的动作表现出新的特点。不仅能够抓握住玩具，还能摆弄玩具；不仅能玩一个物体，还可以同时玩两个及两个以上的玩具，表现出双手的协调运动。因此，在用玩具逗引宝宝向前爬行时，要选择色彩鲜艳、容易吸引宝宝的玩具，造型圆滑、无尖角，材质安全无毒，避免可能隐藏的危险发生。

2. 宝宝学爬的场地要安全

这个月龄的宝宝，身体的各项机能与日俱增，对周围充满了好奇，为避免意外发生，要给宝宝创造一个适合他练习爬行的场地：围出一块可以爬行的“运动场”；铺上地毯、棉垫或塑料地板块，便于宝宝翻滚、爬来爬去，而不至于跌伤；及时清理杂物，保持地面及物品的清洁，将玩具用收纳箱装好，避免宝宝误食纽扣、硬币之类的物品；将容易倾倒的家具、物品，如茶具、花盆等搬离“爬行运动区”；注意危险物品要远离宝宝，比如勿放饮水机、热水瓶，电源插座插上安全保护套，尖锐物品，如剪刀、筷子收拾起来等。

在宝宝的婴儿床边围上护栏，护栏的高度要超过 70 厘米，四周可放大靠垫、毛绒玩具等作为防护。床的外面不要摆放家具，床内不能放大玩具，以免宝宝爬上玩具，翻过床栏，坠落地面。

3. 确保宝宝的身体安全

有的宝宝爬行时，会出现用一腿爬行带动另一腿的方式，而且两只脚的灵活度也不一样，这是一种常见现象，无需过度担忧。如若这种状况持续时间较长，需要引起关注，是否有肌肉神经或脑性麻痹等异常状况，要及时带宝宝去医院就诊。

第 6 节　站一站，走一走

11—18 个月，从坐位到站位再到行走，大动作的第三个敏感期

国内外研究都发现婴儿期不同动作的出现有着清晰的时间点，而这些时间点恰恰是儿童正常成长和发育的标志。

宝宝在 8—9 个月时，基本上已经能坐、会爬、可扶站。扶着栏杆可以站起来，并很稳定；有时还会把一只脚提起、放下。10 个月的宝宝可以坐得很稳，能独站或扶站，可有意识地从站到坐，并控制身体坐下时不跌倒。这一切，都是为了站立行走做准备。

11 个月的宝宝，已经初步具备了行走的能力。这时候的宝宝，可以拉着栏杆自己站立起来；扶住宝宝站立后松开手，他能独站 2 秒以上；让宝宝扶着椅子、床沿或小推车，鼓励其迈步，能迈 3 步以上。所有的这一切，都在发出一个讯号：我要“独自站立”！我要走啦！

婴儿从床上运动发展到地面运动——学会走路，是他生长发育过程中的一次重要飞跃。直立行走，是婴儿大运动发展的一个具有里程碑意义

的时刻。蒙特梭利曾这样形容“走”对孩子的意义：“走是孩子的第二次诞生。”因而，当宝宝尝试着迈出第一步的时候，就意味着他开始走向独立了。也就是说，孩子行走能力的发展促进了其独立性的发展。

行走，让婴儿不用依靠他人就可以自由地去探索、认识周围的一切，也让他可以活动、接触的范围大大扩展，大大促进了孩子主动探知、观察和发现周围环境的乐趣，这是发展历程上非常重要的阶段。蹒跚学步的宝宝们热衷于走路，但对父母而言，则是欣喜、担忧和烦恼等各种情绪交织在一起。有对宝宝能力大突破的欣喜，也有为他们安全的担忧，由此，有些父母会把孩子放在学步车里，或是直接抱着他，这种处理方式不太科学。如果孩子探索世界的行为被人为剥夺，缺少了独立行走的机会，实际上已经让自己的孩子落后于同龄儿童了，让他学习走路的时间长于其他孩子，创造力、想象力会比其他孩子弱，而且也不利于其主动性、独立性的形成，进而直接影响到智力发展。

因此，父母不要因为担心安全问题而不让宝宝主动学习走路，而是要从宝宝八九个月开始，一直到两岁以后的行走敏感期阶段，采用多种方式，让宝宝学会走路，并走稳。

育儿小锦囊

1. 训练宝宝学站立

宝宝学站时，家长可用双手支撑在宝宝的腋下，让他站立，站得比较稳定后，可让宝宝扶着床栏或椅子等可以依靠的实物站立。当宝宝经过一段时间的尝试、体验，逐渐掌握站立的要领后，就能轻松地扶着东西站立，甚至还可以手上拿着玩具呢。宝宝达到这个程度，意味着可以练习独自站立了。

训练站立时，要遵照由易到难的顺序逐渐进行，不可急躁。

2. 站起坐下训练

一般来说，10个月的婴儿，已经坐得很稳；当能独站或扶站时，宝宝会有意识地从站到坐，并控制身体坐下时不跌倒。有时还能够由坐位换成俯卧位，或由俯卧位换成坐位。

宝宝具有这些本领时，可以加强站起坐下的练习，为独自站立和迈步走路打基础。把宝宝放在活动栏内，引导他由坐位主动拉栏杆站起，之后，再试着扶栏蹲下去拾玩具，拾了玩具后再练习坐下，最后从坐位躺下成俯卧位，继而训练翻身打滚。这个过程要细心、耐心，让宝宝感觉到有趣，他就更愿意尝试了。

3. 双脚站立

双手扶在宝宝的腋下，帮助他站稳后，把双手慢慢收回，拍着手说："真棒，宝宝会站喽。"反复训练，或是让宝宝自己靠着栏杆或背靠墙站立片刻，渐渐地，宝宝即使是在无扶栏的条件下也能站立了。

4. 迈步向前走

两手握住宝宝的手，慢慢地一步一步往后退，带领宝宝一步一步向前迈；此外，也可以让宝宝扶着推车，慢慢向前推，从而学会迈步。

5. 过渡练习

扶宝宝学走时，先用双手牵引着宝宝迈步走，慢慢地变成单手领着走，再之后可以用小棍子做道具，和宝宝各握一头，待宝宝走得较稳时，轻轻放手，宝宝以为还牵着棍子呢，内心的紧张、害怕感会大大降低，放心地往前走，渐渐过渡到独自走稳。

6. 蹒跚学步

让宝宝扶物或扶手站立，逗引宝宝扶着椅子或推车迈步，可将几把椅子摆成一排，相距 30 厘米左右，宝宝在过程中可以扶，也需要自己走，不同的体验增添乐趣。也可以让宝宝在爸爸妈妈之间学走，根据宝宝走路的稳当程度，爸爸妈妈调整两人之间的间距，逐渐拉大。

7. 放手让宝宝独站

宝宝练习站立的时候，在大人的保护下，脱手让宝宝自己站 1—2 秒钟，等他能站稳了，可以让他独站的时间久一些。其实，很多宝宝学独站时，已经在学扶着东西迈步了，每当这时，在宝宝前方放玩具逗引他，会促使他主动挪步、移动身体，锻炼身体的协调性和平衡感，为独立行走奠定基础。

宝宝刚开始学站时，一定要注意给予保护，防止出现因保护不够带来的摔伤、磕碰等意外事故。

婴儿学会走路是一个循序渐进的过程，只有了解学步的大致过程和规律，才能给予有针对性的训练和帮助，从而为他迈出第一步打下坚实的基础。

婴儿学步的 4 个阶段：

阶段	月龄	特点	表现
第一阶段	11 个月左右	单手扶物	能够扶着床、桌子等支撑物站起来，还能离开支撑物独自站立一会儿，意味着宝宝已经具备了独自站稳的能力。
第二阶段	12 个月左右	站—蹲—站	能够一只手扶着支撑物，甚至双手离开支撑物，蹲下捡物品，然后再自己站起来，并能使身体保持平衡，说明到了学习走路的最佳时期。
第三阶段	13 个月左右	扶持迈步	能够尝试着用手扶着墙、床、桌子等支撑物慢慢向前挪动，或是让人拉着一只手向前迈步。
第四阶段	14 个月左右	独自行走	在确保安全的情况下，会大胆地摆脱一切束缚，勇敢地迈出他的第一步，此时，身体的重量几乎都放在了双腿上。

育儿小锦囊

学会走路，是成长过程中的一个具有里程碑意义的发展，也是令孩子和大人都欣喜、兴奋的时刻。宝宝充满信心和勇气地迈出他独立的脚步，需要父母的鼓励、肯定以及适度的放手。面对学步的宝宝，父母要做五件事：

1. 言语鼓励

爸妈不能急于求成，更不能因怕摔着，就不做行走练习。而是要适时地创造机会和条件，用微笑和话语鼓励宝宝勇敢地迈出第一步，并做好相应的扶持、帮助与保护，让宝宝心安。

2. 独立尝试

当宝宝能够独自站立时，可以引领他尝试独立迈步朝前走。刚开始时，宝宝可能会步态蹒跚，向前倾着，跌跌撞撞地扑向妈妈的怀中，而且还总是收不住脚，做好防护，张开手臂迎接宝宝，还没有掌握好重心的宝宝乐于一次又一次地尝试。

3. 延长宝宝行走的距离

宝宝可以独立行走，哪怕只是迈出几小步，都要抓住这个时机，进行有针对性的训练，比如调整作为扶持物的家具、栏杆间的距离，逐渐延长宝宝独立行走的距离，让宝宝走得越来越长、越来越稳。

4. 变换重心练习

和宝宝玩“呼唤—迎接”的游戏：让宝宝靠墙站立，妈妈爸爸站在他前方，呼唤宝宝，引逗他迈开步子扑向爸爸妈妈，及时地张开双臂迎接宝宝入怀，让宝宝在探险与温暖中能够主动迈步，哪怕只是小小的一步，都是变换两腿重心的有效练习，为走路打下基础。

5. 大胆地放手

宝宝学习走路，是亲子间彼此学会放手的一个过程。学走路，是婴儿走向独立的开始，从尝试学习到学会走路，宝宝在逐渐放开扶持他的大人的手，大人也必须懂得放开一直紧握着宝宝的手，这是成长的必然。这是渐渐放开的过程，要让宝宝感觉到即使爸爸妈妈放开了护着他的手，他依然是安全的。因此，需要有足够的耐心，细心观察宝宝的需要，适时适度地给予帮助，又恰如其分地松开手，让宝宝自己面对。

育儿小宝典

教宝宝学走路，要灵活施教，增强宝宝的信心，最初的行走体验非常重要。注意以下要点，能够带给宝宝良好的行走体验感受。

1. 保持正确的走路姿势

正确行走能促进宝宝血液循环，加快呼吸，锻炼下肢肌肉，帮助宝宝迅速成长起来。要从宝宝学走第一步开始，就要注意培养宝宝准确的走路姿势。

2. 培养宝宝的坚强意志

练习走路的过程中，避免不了摔跤、跌倒，这是培养宝宝坚强意志的好时机。遇到宝宝摔倒时，给以鼓励、拥抱、安慰，让宝宝依旧对自己有信心，继续自己的学走练习。

3. 激发宝宝走路的兴趣

宝宝能走几步时，可以用在地上滚动的皮球，引起宝宝追逐的欲望，这时的宝宝不太会顾及自己是否会摔倒，反而会连续迈出几步，对促进宝宝走路的能力和增强信心都有益。

4. 选择平坦的路面

刚开始学走路时，要尽可能选择平坦的路面，避免因路面不平被绊倒带来的不良体验，比如，害怕走路、不愿放开大人的手等，挫伤宝宝学习走路的积极性。

5. 做好随时保护

不管宝宝处在学习行走的哪个阶段，都要注意宝宝的安全保护措施，以免发生意想不到的意外。与宝宝相隔的距离尽可能不超过 50 厘米，以便出现突发情形能及时给予保护。

6. 光脚走路

宝宝学会行走之后，可以让他光着脚在沙坑、鹅卵石小路或草地上行走，让他接触不同的地面，刺激触觉和脑部的发育，不过每次的时间不宜过长，视宝宝的月龄而定。

7. 让宝宝学用脚尖走路

当宝宝能走稳之后，可以让他在屋子里来回走，还可以教他用脚尖走路，可以强健宝宝的足弓，每天练习为佳，时间视宝宝的月龄而定，但不宜过长。

8. 注意宝宝的关节脱臼

教宝宝学走路时，应该站在宝宝身后，最好用两手托住宝宝的腋窝，尽可能不牵着宝宝的两只手，以免当宝宝摔倒时，因不由自主地猛拽，造成宝宝脱臼。

成长加油站

帮助宝宝顺利学步的 8 条建议

一般情况下，宝宝从 11 个月开始，将经历行走的三部曲：会站、会扶走、独自行走。这是一个循序渐进的过程，8 条小建议，帮助宝宝更好地学习走路。

1. 做好营养储备

学习走路，是一项消耗体能的运动，因而要具有足够的体能，多给宝宝吃含钙的食物，保证宝宝骨骼的正常发育，为学步加分。

2. 从爬行开始练习

爬行可以锻炼宝宝腿部肌肉的张力和力量，有利于学步。学步过程中，别忘了让宝宝经常在地板或硬的垫子上爬行，也是助力行走的有效方式。

3. 让宝宝做做仰卧起坐

坚实的肌肉力量也是宝宝学习走路的重要因素。仰卧起坐是一项适合宝宝练习的增强肌肉力量的运动。让宝宝仰卧，拉着宝宝的双手做以下动作：坐起—站立—坐下—躺下，可反复几次。需注意：拉宝宝的双手不能太用力，以防用力不当造成宝宝脱臼。

4. 要少抱多走

不要总是抱着宝宝不放，或者把他放在一个地方。提供一个安全、适合行走的空间，鼓励宝宝四处走动和自由活动，能让宝宝自己走的就放手让他去走。

5. 对宝宝勤安慰、多鼓励

学走路，避免不了摔跤、跌倒，这是每个孩子都要经历的过程，因而只要做好防护即可，不要紧张、担心，这样的情绪反而会加剧宝宝对学步的恐惧。遇到宝宝学步跌倒时，及时给予安抚和鼓励，让宝宝有安全感，并有继续迈步的信心。

6. 练习时间不宜过长

每天练习时间不宜过长，30 分钟左右为宜。每次训练前，要让宝宝先排尿，撤掉尿布，以减轻下半身的负担；开始学步时，可以不穿袜子，以防滑倒，同时帮助宝宝更好地掌握身体的平衡。

7. 注意宝宝是否“八字脚”

有些宝宝在学走路时，身体总是摇摇晃晃的，甚至还会不断地摔跟头；还有的宝宝，走起来像只小鸭子，蹒跚地迈出不规则的“八字脚”，这些现象都说明宝宝走路的姿势不对，或者是有别的原因，爸妈不要大意。

一般来说，宝宝的“八字脚”表现在腿上，也就是常说的“X 型腿”和“O 型腿”。

（1）X 型腿的宝宝一般都不爱走长路，总让抱着。其实，这种腿型的宝宝更需要进行肌肉负重的锻炼，以增强他能够走路的机会。

（2）O 型腿的宝宝在走路时，样子像骑马，不用过分担心，宝宝慢慢能自己调整过来。

以上两种形态的走路方式，一般在 2 岁左右时，能慢慢恢复正常，如果始终是这样，则有缺钙和维生素的迹象，需要治疗。

（3）通常，引起宝宝出现“八字脚”有如下原因：

一是宝宝初学走路时穿硬质的皮鞋，由于宝宝的骨骼太软，脚腕力差，皮鞋又硬又重，会扭曲宝宝的步态。

二是由于维生素 D 缺乏。身体中缺乏维生素 D，会使宝宝身体的钙、磷代谢紊乱，使钙的吸收发生障碍，从而造成佝偻病，患佝偻病的宝宝走路时很容易形成“八字脚”。所以，爸妈一定要多注意。

第6章

认知思维敏感期

——孩子智商潜能的开发时机

第1节 “别碰到我，你不是我妈妈”

3—4个月，“自我意识”开始萌发了

阿紫在家休产假，闺蜜子莹来家里探望她，看到3个月的小安安，瞪着一双黑葡萄的眼睛盯着她，忍不住伸手想抱抱他。没想到安安大哭起来，好像在说：“别碰我，你不是我妈妈！”

子莹有些尴尬，阿紫安慰她说：“每个宝宝都这样，你以后做了妈妈就知道了！”然后，温柔地对安安说：“宝贝，这是子莹阿姨，是妈妈的好朋友。”在妈妈温暖的怀抱里和温柔的话语中，安安马上安定下来，又好奇地盯着子莹看。

刚出生几天的婴儿就对声音有反应，表现为惊吓、呼吸频率改变或者停止哭闹等。2个月的婴儿对声音更加敏感，睡觉时可以感知大声，如睡觉的时候会对突然的关门声等，产生抖手、惊醒、眨眼等。3个月时，婴儿能区分不同方向发出的声音，能寻找声源，并能把声音与嘴巴的动作联系起来，这时给宝宝播放妈妈说话的录音，如果妈妈嘴的动作与录音不一致，宝宝就会显得不安。说明宝宝的感觉与认知的成长发育是很显著的。他已经能分辨出不同人的声音，对亲人和陌生人的声音的反应会有所不同，特别是听到妈妈的声音时会格外高兴。宝宝的认知能力已经有了良好的发育，往往喜欢重复能产生愉快感觉的动作，如吸吮手指；并且开始有分析能力，比如吸吮乳头与吸吮手指的方式不同；到 4 个月时，宝宝自我意识已经开始发育，当看到镜子里的宝宝时便会知道是自己。

这时的宝宝对红色最为敏感，其次是黄色，一见到这两种颜色的玩具很快能产生反应，而对其他颜色的反应要慢一些。

3 个月是宝宝脑细胞生长发育的第二个高峰期，这时不但要有足够的母乳喂养，也要给予合理的认知训练。3 个月的宝宝就已经认识奶瓶了，看到大人拿着奶瓶，就知道是要给自己喝奶或喝水，会非常安静地等待着。宝宝已经认识谁是自己的妈妈或爸爸，当看到陌生人接近自己时，会躲藏或哭泣，内心会想：不要靠近我，你不是我妈妈！

4 个月大的宝宝在仰卧时，当物体刚越过脚时，便会立刻注意去看，而且会观察物体会不会碰到自己；当方木或铜铃在孩子坐的桌子对面出现时，会立即明确地去注意这些物体，当把他放在镜子面前时，他会兴奋地长时间注视，嘴里还会“咿咿呀呀呀呀”地跟自己说话。

原来，4 个月的宝宝，自我意识已经开始发育。这时爸妈可以对宝宝进行一些有目的的自我意识能力的训练，以促进宝宝自我意识的发展，掌握一些与自己相关的信息。

育儿小锦囊

1. 经常给宝宝照照镜子

抱着宝宝坐在一面大镜子前，对着镜中的宝宝说“你好，你叫什么”，以此来吸引宝宝注视镜中的自己并做些相应的动作。经常如此，便可促进宝宝自我意识的形成。

2. 反复叫宝宝的名字

妈妈或爸爸可以反复叫宝宝的名字，使宝宝对自己的名字有反应，熟悉并记住自己的名字。

3. 先叫别人的名字

为了促进宝宝的认知能力，当他在跟别人玩耍时，可以先叫别的小朋友的名字，然后再叫宝宝的名字，看看他有没有反应，是否回头看你。当宝宝听到名字，回头或向你笑时，就要将他抱起来亲吻一下，并说“宝宝真聪明”，以示表扬。

此外，训练宝宝的自我意识时，还要注意：要用固定的名字称呼宝宝，如果家长一会儿说“思思”，一会儿又说“静静”，经常更改名字，会使宝宝无所适从，就会延迟叫名回头的时间。

第2节 “我不认识你，我不让你抱”

7个月，“怕生”的宝宝一见人就躲藏

女儿7个月了，阿慧的产假马上要结束了，给老家的婆婆打电话来帮忙照顾宝宝。婆婆高兴地答应了，很快就从家里赶过来。

阿慧本以为自己可以放心地去上班了，谁知，奶奶一抱女儿，她就大哭不止，几次三番弄得奶奶很尴尬，不知如何是好。阿慧赶紧安慰婆婆，婆媳俩一起找原因，为什么女儿不让奶奶抱？

问询之后才知道，原来是宝宝“认生期”到了。阿慧利用上班前的几天时间，和婆婆一起照顾女儿，爸爸妈妈一起带女儿亲近奶奶，慢慢地，女儿让奶奶抱她了。

宝宝从6个月开始认生，8—12个月认生达高峰，以后逐渐减弱。多数8个月以后的婴儿见到生人都有些拘谨或惊慌失措，更有甚者，见到生人就哭闹。其实，宝宝的哭闹也是宝宝的一种“成长”，他能分辨出熟悉的亲人和陌生人了。从某种角度来看，认生是宝宝的一种自我保护意识。

宝宝自出生后，被爸爸妈妈及家人悉心照料，精心呵护，他与妈妈产生了亲子依恋之情，也逐渐与爸爸及其他次照顾者建立起深厚的情感，当见到不是他所熟悉的人时，会意识到与家人不同。因未知而产生出的恐惧，让他拉动起身体的防御机制，用哭闹排斥陌生人，寻求获得保护。但这何尝不是一种与人建立关系的方式呢？孩子就是在拒绝、接受中，扩展了社会交往的范围，与更多的人建立起关系。

了解宝宝社会性发展的规律和特点，并适时给予恰当的帮助，陪他度过认生期，对促进宝宝融入社会环境，大有益处。

育儿小锦囊

1. 安度认生期

“认生期”是宝宝成长里程中的重要标志之一，充分理解这一时期对宝宝社会交往的重要意义，有针对性地加以引导和给予温暖的陪伴，是安然度过认生期，促进其社会性发展的重要内容。调查发现，生活中那些“乖宝宝”，往往比“淘宝宝”更容易产生认生情绪。因而，不要压抑宝宝的情绪，允许他哭闹，给予支持和陪伴，多带宝宝走出家门，认识不一样的环境，看到更多的人。

2. 消除宝宝的认生恐惧心理

当宝宝对生人开始躲避，将脸扑入妈妈怀中，害怕或者哭闹时，先安抚宝宝，让他感觉到自己是安全的、被保护的，待情绪平复之后，再陪着他认识不熟悉的人。

在确保安全的情况下，让宝宝多与经常来往的人多接触，慢慢地让他消除害怕的心理。除了抗拒陌生人，宝宝还抗拒陌生的地方、陌生事物，因此爸爸妈妈在这个阶段多陪同宝宝进入到新环境，接触新事物。有些宝宝会害怕大的形象玩具，因而要陪他一起玩，逐渐消除恐惧。

3. 性格外向宝宝的“安度法”

性格外向的宝宝，在遇到陌生人的时候，反应往往比较强烈，会大哭着挣脱陌生人的怀抱，企图得到妈妈的“救援”。

（1）联谊活动：可以经常带着宝宝去别人家做客，或者邀请亲朋好友到自己家里来，最好有与宝宝年龄相仿的小朋友，会降低沟通障碍，并让宝宝习惯这种互动方式，提升交际能力。

（2）时刻安全：遇到宝宝认生时，要马上让宝宝回到安全环境中。比如，抱到自己怀里，或是放回婴儿车，千万不要强迫他接受陌生人的亲热。这样只会增加宝宝的紧张感，认为妈妈不要他了，及时安抚情绪很重要。

4. 性格内向宝宝的“安度法”

面对性格相对内向的宝宝的怕生行为，陪伴、鼓励是良方。

（1）乐观态度：对宝宝的认生反应，妈妈要温柔、耐心地介绍：“这是李阿姨，她喜欢宝宝！”让宝宝从妈妈的口气中寻求到安全感。

（2）多接触陌生人：抱着宝宝，主动地跟陌生人打招呼、聊天，让宝宝感到这个陌生人是友好的，是不会伤害他的。

（3）慢慢接近：拿着宝宝最熟悉、最喜欢的玩具逗引他，让他慢慢转移注意力，缓解认生的恐惧心理。

（4）户外锻炼：平时多带宝宝到户外去，接触更多的人，接触各种各样的有趣事物，开拓宝宝的视野。

第 3 节　“鼻子、眼睛在这儿”

9 个月，聪明宝宝“识五官”

9 个月的思思聪明可爱。妈妈特别喜欢在游戏中扩展女儿的认知。每当这个时候，思思总是很兴奋。今天，妈妈和思思玩“识五官”游戏。我是妈妈！快来看看我的嘴巴，用你的小手摸摸我的嘴巴吧！这是妈妈的嘴巴；看看我的鼻子，摸摸我的鼻子吧！这是妈妈的鼻子……”

思思和妈妈玩得很开心。妈妈去拿了一个苹果，边闻边说：“苹果好香啊！”“思思，妈妈的鼻子在哪儿？”女儿用手摸了摸妈妈的鼻子。妈妈对思思说：“思思也用小鼻子闻一闻吧！”思思伸过头来闻妈妈手里的苹果。妈妈又说：“思思的小鼻子在哪里？”思思伸出小手摸摸自己的鼻子，又去摸摸妈妈的鼻子。

“我的思思好聪明，认识鼻子啦！”

9 个月的宝宝认知能力发展得很快，能找出在他眼前刚刚被隐藏的或部分被遮盖的玩具，是他们对物体永存概念初步认识的明显表现。此时的宝宝，能用一个音节表达对常见物品的认识，开始认识自己的身体部位，尤其是对“五官”和“小手小脚”，能非常清晰地记住，表明他们的认知能力攀上了一个新台阶。

宝宝认识“自己”的第一步，就是把自己和自己以外的东西区别开来。以此为契机，做一些有针对性的训练，比如认识五官、手脚及其他身体部位，既是让宝宝意识自己身体的开始，也是最原始的自我意识，是形成自我意识的基础。

育儿小锦囊

1. 亲子游戏——“识五官”

玩认识五官游戏，妈妈或爸爸可以先将自己的脸贴近宝宝的脸，用手握住宝宝的小手，缓缓地放在自己的脸上，让宝宝摸摸脸上的各个部位。摸到哪个器官，停顿一下，清晰地对宝宝说：“这是妈妈的耳朵，宝贝用手摸一摸，耳朵。”依此类推，每摸到一个器官，停下来告诉该器官的名称，让宝宝用小手充分触摸。

宝宝会在游戏中，逐步指出眼睛、鼻子、耳朵、嘴巴等五官部位，然后，再让宝宝对应自己的五官部位，加深宝宝对五官的认识，以及理解自己和爸爸妈妈是一样的。之后，再扩展为听指令指部位的游戏互动。宝宝听到指令，就能指出相应的五官部位。玩游戏时多给予宝宝鼓励，即使指错了，也不要批评，加以校正即可。

游戏时，引导宝宝触摸的动作要轻缓，给宝宝足够的感觉时间。声音要柔和、亲切，面带微笑，吸引宝宝愿意参与到互动中，并产生愉悦的亲子情感。这一过程，往往需要 3—4 个月的时间，不能操之过急。

2. 镜子里的小手小脚

在镜子面前，让宝宝看看自己的小手小脚。告诉他，这是宝宝的手，这是宝宝的脚。再辅以拍手、抬脚等各种动作，引导宝宝观察镜中的影像，引起他的好奇心，做出更多的身体动作。

3. 挠挠小手、小脚

先用手摇摆宝宝的小手、小脚，并且用手挠挠宝宝的手心和脚心，以引导宝宝去注意自己的手脚，这种挠小手、小脚带来的亲子情感都会成为宝宝最初的情感记忆。

4. 认识身体各部位的衣着

除了教宝宝认识身体的部位之外，还可以延伸到每个部位要穿戴什么样的衣服，比如，认识小手后，拿出手套，告诉宝宝这是保护小手的，戴在宝宝手上，加深手与手套的关联认知。出门时，问询："宝宝头上戴的是什么？是帽子；宝宝脚上穿的是什么？是鞋子……"逐步扩展到身体部位，宝宝慢慢就知道身体与衣服的关系，并能指出不同部位所需要穿戴的衣物。

5. 大拇哥，二拇弟——手指宝宝歌

打开宝宝的手掌，依次轻轻按下拇指、食指、中指……然后唱念儿歌：大拇哥，二拇弟，三中娘，四小弟，五小妞妞爱看戏。从而教宝宝认识自己的手指，并能引导宝宝注意自己的四肢，发展自我意识。通过念儿歌还可以给予宝宝语言刺激，增近亲子之间的情感交流。

6. 看图认物

给宝宝看各种物品的实物、识图卡、识字卡。卡片最好是单一的图形，图像要清晰，色彩要鲜艳。通过图片，宝宝能够指认动物、人物、物品等。还可以选择一些实物，对应图片上的水果、蔬菜等，通过感官触摸，认识和理解物品。

也可以字卡和实物对应，汉字本身就是一幅幅图像，图卡、字卡，在孩子眼里都是图形，不同的卡片带来不同的视觉刺激，带来不同的认知感受，让宝宝的学习更多元，加深对图像、物品的认知。每次只认一图或一物，反复练习后，待宝宝记住图名并且能从几张图中找出相应的图后，再开始第二幅、第三幅的认知。

第 4 节 “这是谁的头发，这么长”

1 岁半—3 岁，关注细小事物与自然事物敏感期

2 岁的小墨好像化身成了“福尔摩斯”，任何细小的东西都逃不过他的眼睛。一会儿手里握着纸屑，一会儿又是几根头发，他的手里总是会出其不意地拿着一些不知道哪里找出来的细碎东西，面包屑、小纸片、小线头，妈妈担心极了，特别怕一个不小心卡住嗓子。说了好几次，可是小墨依旧我行我素，妈妈直纳闷，儿子这是怎么了？

2 岁的小墨之所以对这些不起眼的小事物产生了如此大的兴趣，是因为他的关注细小事物的敏感期来了。

1 岁半的宝宝精细动作能力获得了长足的进步，他们开始对细小的物体产生兴趣。由于手部的动作已经发展到了拇指和食指的指端了，这时的他们可以用拇指和食指端捏取细小东西，当他的手指接近一根细丝时，仅用一两次就可以拿起来，动作还比较协调，为宝宝探索细小事物提供了基础。

由于受到身高等因素的影响，孩子的视野与成人的视野完全不一样。

孩子喜欢关注大人眼里那些看不到的细枝末节，越是细小的事物越容易引起他们的兴趣，并且还要捡起来，仔细观察。其实，宝宝的这一行为包含了两项能力在发展，一个是观察力，一个是精细动作。

蒙特梭利博士曾说："儿童对细小事物的观察与热爱，是对已无暇顾及环境的大人的一种弥补。"因而，在保证安全的情况下，放任孩子去观察带给他们快乐、新奇的细小事物的观察。这是一种探索行为，也是让他们的手眼协调、带动思考的过程。他们在观察中，用眼睛看，用手去摸、捡、捏，动脑筋去想，而蹲下、站起，还让身体的协调性、平衡感获得了锻炼，全身心都获得了发展。身体的灵活性增强，观察力得到提升，手眼协调又让他们的精细动作获得了发展，为他们拥有更强的能力打下了坚实基础。

获得充分发展的宝宝，随着年龄的增长，他们对细小事物的关注，也会逐渐过渡到更大的范围。

育儿小锦囊

1. 让宝宝学习向瓶中投物

准备一个瓶子，教宝宝将一些小物品捏稳，对准瓶子口，放入瓶子中，以锻炼手部的灵活性。

开始时，经常会发生放不准而掉在外面的情形，宝宝容易烦躁，因而玩这个游戏，一定要耐心，爸爸妈妈平和的态度会安抚宝宝的情绪，同时还要多给予宝宝鼓励和肯定。一旦有一次准确放入，就会极大地激发宝宝的兴趣，获得成就感和价值感。

这是一个长时间可以玩耍的游戏，随着宝宝月龄的增加，手眼协调、身体稳定性的提升，可以相应地增加游戏难度，在激发宝宝迎接新挑战的同时，锻炼宝宝手指的灵巧性，促进宝宝手部精细动作的发展。过程中，爸爸妈妈多做示范。

2. 让宝宝学习涂涂点点

宝宝在摆弄东西时，能体验到物体的软硬、轻重、深浅、大小及形状等各种不同感受，会发现物体与物体之间有简单的联系。因此尽可能多地提供多种多样的物品，让宝宝触摸，没有危险性的物品，都可以成为宝宝“摆弄”的对象，极大地促进宝宝感官的发展。

彩色蜡笔是锻炼手的灵活性的合适的工具。因为用笔，需要拇指、食指和其他手指的配合，需要手的力量。可以借用蜡笔，让宝宝在纸上任意涂涂点点，不需要宝宝画出具体的东西，只是对手的灵活性的练习，而宝宝也会对自己点出的色彩非常感兴趣。

3. 认识自然现象

天气有变化时，可以带宝宝观察，比如刮风、下雨等，给宝宝讲解为什么与平常的天气不同，告诉自然现象的名称，丰富宝宝的认知。

4. 观察事物特征

带宝宝做动物、自然景物的深入了解学习。比如“红色的花在哪里？”“闻闻什么东西香香的？”“小猫在吃什么？”“小鸟在哪里？”，指导宝宝观察事物的特征，有助于注意力的形成和发展。

5. 比较高矮

让宝宝看爸爸妈妈比高矮，宝宝和爸爸妈妈比一比。小小玩具谁大谁小？谁多谁少？动物卡片中，哪个动物高？哪个动物矮？等等。生活当中的很多事物都可以通过对比，加深认知，增强理解。

6. 培养上下、里外、前后方位意识

比如游戏时说“球在箱子里”“小车在箱子外面”，等等。

7. 丰富的环境刺激

丰富的环境刺激可以充分满足宝宝发展感知力的需要。比如，多准备一些彩色的画笔，以及一些橡皮泥等物，供宝宝“创作”和玩耍，让他画一幅油彩画或是捏一只小鸭子。此外，带宝宝到公园或野外，去接触一些不同的自然景色等，都能丰富宝宝的感官刺激。

8. 图卡配对

将两个相同的玩具放在一起，再将两张完全不同的图卡放在一起，让宝宝学习配对。在熟练的基础上，将两个相同的汉字卡，相同的数字如 1 和 0，相同的图形如圆形、方形、三角形，相同的颜色如红色，先后混入图片中，让宝宝学习配对。

9. 街道名称

外出时，可提醒宝宝留意所遇到的标志、看到的字，比如广告招牌、街道名称等。还应尽早让宝宝接触书本，培养宝宝对文字的注意力。

第5节 “用积木搭桥？太简单了”

1岁半—4岁，动作与思维能力开始协调的动手敏感期

阿建陪3岁的儿子玩积木游戏，他把积木一块块搭起来，一座大桥建好了。他想再往上搭一段，再让儿子用手推倒，他一定会比平常更开心。

没想到，儿子兴致不高，提不起多少劲头来。阿建有些诧异，这可是儿子平时最喜欢玩的游戏。于是，问儿子：“怎么不想玩了？你不是最喜欢这样和爸爸玩吗？”

“是喜欢和爸爸玩，可是总玩这个搭桥的游戏，太没意思了！”儿子嘟着嘴说。

“嗨，是因为这个呀！看来我儿子是想挑战新游戏了！来，爸爸给你来个设计版！儿子，来吧！”

1岁半之后的宝宝，认知能力和精细动作的发展更上一层楼。比如，你问他“几岁了？”，他会竖起两根手指头表示自己“2岁”了。这个时期的宝宝，看过大人的示范后，能自己搭起4—8块方积木而不倒；如果

用一根细长的绳子穿过一个杯子的把手，绳子两端放在桌上宝宝能够着的地方，他就知道同时抓住绳子的两头，将杯子拉过来。这说明，动作与思维能力开始协调的“动手敏感期”来到了。

手是认识事物的重要器官，是人类进化的标志。手部动作在婴幼儿心智发展中非常重要，手部精细动作的健全发展，可以使婴幼儿认识事物的各种属性及彼此之间的联系，促进其知觉的完整性及具体思维的发展。要注重婴幼儿操作能力的培养，发展婴幼儿手部的精细动作和操作能力。

动作能力的发展，直接反应宝宝智力发展的情况，也就是说动作发育是智力发育的早期表现形式之一。动作的发育与脑力发育在部位和时间上是密切相关，2—4 岁是宝宝训练手及手指的重要时期。“心灵手巧”是需要训练的。在生活和游戏中，可随时训练宝宝手部的精细动作，比如，引导宝宝用茶杯喝水、用勺子吃东西、自己穿衣服、扣纽扣、戴帽子、擦鼻涕、洗手等；而搭积木、穿珠子、拼扳、插棍、捏泥塑等活动，是非常适合提高宝宝大脑思维的方法或游戏，从而开发宝宝的大脑思维能力。

育儿小锦囊

1. 穿珠子和比赛穿珠子

（1）教穿珠子。准备穿珠桶玩具，然后给宝宝做穿珠子的示范，之后手把手教宝宝用一只小手的拇指和食指捏住线绳，另一只小手的拇指和食指捏住珠子；捏住线绳的手主动向珠子的窟窿眼靠拢，慢慢放进珠子孔里，只是一个循序渐进的过程，需要耐心、细心地引导宝宝慢慢掌握。

（2）比谁穿得快！宝宝可以自己动手穿珠子后，玩这个游戏，增强宝宝的手眼协调发展。

准备几份珠子、几根绳。告诉宝宝："你的小手真能干，妈妈和你比赛吧！"把宝宝需要使用的道具递到他的手里，告诉他不要着急，妈妈可以先给宝宝做一次示范，告诉宝宝必须在孔的另一侧将绳子提起，否则将前功尽弃。示范之后，等待宝宝，启发他按步骤顺利完成，然后鼓励宝宝再穿第二个、第三个，这样一来，宝宝比妈妈穿得多，就会开心不已。加之鼓励和赞赏，会让宝宝更感兴趣。这个动作反复练习才能熟练，随后，可渐渐加快速度，并提高准确性。这是一个训练手、眼、脑协调的好方法。

2. 让宝宝启动小汽车

用纸盒搭一个斜坡，向宝宝示范如何使车子滑下斜坡，并发出口令"一、二、三，出发"，然后让车子滑行。观察宝宝是否在"出发"命令之后才放小车滑行。这个游戏可以开发宝宝创新与创造的能力。

3. 宝宝过河

在地上放一条彩带，当作小河，小河的对面是外婆家。"我们一起去外婆家玩"，然后引导宝宝跨过这条小河，以训练宝宝的动作能力。

4. 亲子小游戏——轨道

把宝宝抱在腿上，假设自己的腿是轨道，宝宝是“火车”，然后让“火车”在“轨道”上面行驶。

开始时，拉着宝宝在腿上“走”，并学火车发出“哧哧哧”的声音。之后，让宝宝自己在腿上爬。也可以让宝宝推着玩具在“轨道”上玩。这个游戏可训练宝宝的创造力与肢体动作。

5. 让宝宝学搭多层积木

在桌上放几块积木，在原来的基础上，使游戏升级。示范后，鼓励宝宝自己去搭高级积木。经过多次训练，宝宝可以搭到 8 块而不碰倒。在宝宝搭成功后要给予鼓励。

6. 让宝宝玩面团和彩泥

让宝宝玩面团和彩泥。在面粉里加少许精盐和一点食用染料，然后加水揉成面团，为了不让面团黏手，还可以加一点花生油。宝宝可以用手摸、拍打，也可以搓、揉面团，看着面团在自己手中不断变化，宝宝会感到无穷的乐趣，如果无意中捏成了某种小动物或水果等物品的形象，宝宝会更开心。而且还可以起到一举三得的作用，增加宝宝的触摸经验，促进手部肌肉的发育，培养了宝宝的注意力。

也可以选择橡皮泥、彩泥给宝宝玩儿，一定保证是无毒安全的产品。

7. 找玩具——培养观察能力

准备两个一样的盒子及各种玩具，将其中的一个玩具放进盒子里，再把另外一个盒子也拿出来，然后把两个完全相同的盒子在宝宝面前调换位置，问："玩具在哪儿？"让宝宝找找看，培养他的细致敏锐的观察力。

宝宝猜对了，要用语言和动作给予大大的赞赏。这个游戏可以变换方式玩耍，比如当着宝宝的面把玩具藏在枕头下，然后移到另一个枕头下，看宝宝能否能直接找到第二个枕头下的玩具。这是个特别有趣的认知与找猜的游戏活动。

8. 装手电筒——培养观察能力

爸爸和宝宝一起玩的游戏。拿起手电筒，在宝宝面前拆开零件，取出电池，然后将各部位安装好。接着，打开开关用手电照亮各处，再关上。宝宝往往喜欢发亮的东西，便会伸手去摸，学习按开关。学着自己装电池，或拧开、拧紧手电筒底盖。游戏结束后，一定带宝宝去洗手。同时要确保电池是安全的。

9. 让宝宝学装珠子、豆子

准备一个空盒或空瓶，把一些豆子、珠子、扣子、花生米之类的东西撒在白床单上，让宝宝逐个往空盒子或空瓶子里面放。这是一个特别好的锻炼观察能力、手眼协调能力的游戏。

10. 让宝宝学拿出来和放进去

先将废彩纸搓成彩纸团，准备 2—3 个小筐。先将彩纸团放在筐里，让小宝宝自己拿出来玩，玩一会儿后再让宝宝把彩纸团放回到筐内。根据宝宝的兴趣确定玩的次数。也可以用小皮球代替彩纸团，玩的过程中，还可以把球放在地上滚，或用手扔，最后再送回到筐内。通过游戏，训练宝宝的手指、手腕动作。

11. 自制智能小玩具

充分利用家中现有的塑料瓶、塑料袋、旧挂历纸等物品，制作成宝宝喜欢的玩具。

（1）将洗净的空饮料瓶的“身上”扎两个小洞，穿入系有小扣子的绳子，然后将沙粒、珠子等小物品放入小饮料瓶中，再用油泥等物品，封住瓶口，插入小棒，一只既可拿在手中摇动又可上下晃动的小花鼓就做好了。

（2）用废笔管等物品，做一个可以吹肥皂泡的小玩具。还可以找一个塑料袋，将其吹大，然后再将袋口捏紧，再用一根绳子扎紧，让宝宝牵着在地上走，往空中抛。

（3）找一双旧袜子，叠在一起，将一只袜子的袜口往外一翻，做成袜子球的小形状，教宝宝扔球、接球等。

（4）用旧挂历纸卷成卷子，切成珠子，然后用毛线将纸珠穿成项链、手链等，给宝宝拿着玩。

第6节 “哦，原来我是男孩子哦”

4—5岁，关注自己和他人的性别敏感期

阿芳去幼儿园接儿子。老师告诉她说：“小智今天总是像女宝宝那样蹲在地上尿尿！您关注一下，他可能进入性别敏感期了！”阿芳向老师道谢，回家问儿子：“小智，你今天在幼儿好像有和平常不一样的动作，妈妈很好奇，快和妈妈说说你的想法。”

“我……我学萌萌蹲在地上尿尿啊！”儿子朗声回答。

“原来我家小智又有新发现了！想一想，为什么你和萌萌小便的方式不一样呢？”阿芳说。

“不一样？没有什么呀？”儿子疑惑地说。

“想想看，你和萌萌最明显的不一样的地方是什么？”阿芳说。

小智想了想，大声说：“妈妈，我知道啦！我是男生，萌萌是女生。”

“儿子真棒！一下子就想到了。对，你是男生，所以站着撒尿！萌萌是女生，所以要蹲着小便。”阿芳道。

“宝贝，知道了原因，明天在幼儿园还学萌萌吗？”阿芳问。

小智想了一下，说：“不用学了，我知道为什么了！”

宝宝从出生那一刻起，就确定了自己的性别信息。随着自我意识的增强，一般地，他们会在 3—5 岁期间会对人的身体，特别是异性的身体表现出明显的兴趣，最令他们感到好奇的就是生殖器的差异。孩子是在 3 岁左右，开始朦胧地发现自己与异性的身体是不同的，也会注意观察爸爸妈妈，发现他们也是不同的。比如说：妈妈的头发长，爸爸的头发短等等。到了 4 岁之后，孩子的性别意识逐渐清晰，他们会发觉男孩和女孩不仅外貌不同，身体也有区别，而且有些行为也是不一样的。这时的孩子已经能够区分性别：爸爸是男的，妈妈是女的，我是男孩（女孩）等，进而开始自发探究男女性别上更多的差异，甚至会像小智，很好奇萌萌为什么和他小便的方式不同，进而去模仿行为动作，找寻不同的行为带来的不一样的感受。孩子的这种性别意识是他形成自我意识的一个重要组成部分，而性别的认同也是孩子从出生开始就需要学习的一个过程。

大多数孩子在 5 岁左右，他们会从探寻不同性别的差异性，转化为非常关心自己的“来历”，常常有意地问询：“我是从哪里来的？”“是妈妈生的我吗？”“我是怎么进到妈妈的肚子里的？我又是怎么出来的呢？”当孩子关注这些问题时，意味着他进入了性别和出生的敏感期。

面对孩子所提出的问题，既不要觉得尴尬、不好意思，也不要回避、躲躲闪闪，更不能对孩子的好奇不耐烦、斥责他。否则只会勾起孩子更大的好奇，不当的方式还很有可能让孩子对自己产生排斥、厌恶等心理，身心健康成长受到影响。

当孩子进入这个时期时，以积极的态度坦然面对，并给予正确的引导是最佳方式。只有这样才能帮助宝宝顺利度过性别敏感期，并对生命产生新的认识，是生命教育重要的基础内容。可以借助绘本故事、游戏等方式，让宝宝对性别、出生等形成正确的认识，这是非常重要的。

育儿小锦囊

1. 帮宝宝正确地定位性别

男孩女孩有差异。因此，要让孩子了解男孩女孩的性别特征，通过对男女孩的体质、思维方式、行为动作等方面存在的差异，哪怕是微小的，激活孩子性别意识的觉醒。性别角色混乱，将对孩子的健康成长非常不利。

同时，父母也要避免因为自己喜欢男孩或是女孩，就把自己的喜好投放在孩子身上。比如，把女孩打扮成“假小子”，把男孩当女孩养。这种不顺应孩子性别实施的养育方式，会给孩子带来很多的麻烦，甚至造成终生的痛苦。这样长大的孩子成年后主要存在两方面的困难：一方面是融入自己的性别群体有困难；另一方面是很难被异性接纳。无论是职场关系，还是恋爱和婚姻，都带来困扰。

2. 不要干扰宝宝对自己身体的探索

性别意识是宝宝形成自我意识的一个重要组成部分。性别认同是宝宝从出生就开始的学习过程，宝宝必定会通过各种方式来积极地探索并认识自己的身体器官，而且一生都在持续地学习。所以，家长不要干扰孩子对自己身体的探索，更不要让孩子以为他的探索是“羞耻”的。

3. 家长要帮宝宝正确认识自己

要让孩子认识到自己在这个世界上是独一无二的，是独特的，是与众不同的。因此，可以在宝宝很小的时候，从一些小细节入手，比如，知道自己的姓名、年龄、性别，以及身体各个部位的名称及其作用，还要了解自己的优势特点，有哪些爱好等等，让宝宝对自己充满了信心。

4. 爸爸要多帮宝宝认识自己的性别

宝宝在 3 岁半左右时，会萌发性别意识，明白自己是男孩还是女孩。男宝宝确认自己的性别后，将会模仿爸爸的所有行为，来确认自己的性别身份，从而打造自己小男子汉的形象。这个时期的爸爸要多陪伴孩子，带他参与一些充满男性阳刚、勇敢、坚定的游戏活动，极大地激发男孩身体内的雄性激素，获得力量感。性别意识敏感期，爸爸对男孩的影响很大，对其能力和性格养成起着至关重要的作用。

5. 让宝宝正确认识自己的家庭

要早些让孩子意识到自己的家庭，意识到家的独特性作用，知道自己父母的姓名、年龄、性别、外貌特征、职业和文化程度等；还要知道家庭的电话号码、住址、交通工具等，从而使孩子完全了解自己天天生活的家庭。

6. 让孩子正确认识自己的班级

孩子上幼儿园与小学以后，要让他知道自己所在幼儿园和班级的名称，老师和同学们的姓名、性别、外貌特征等。此外，还应使孩子意识到自己和同学之间有许多相同之处和不同之处，使孩子了解自己、了解他人。

7. 借助图书理解认识

对于宝宝问的一些性别问题，实在不好回答或回答不了，不妨借助图书，有些绘本故事讲得不仅生动，而且回答孩子的疑问。或是通过科普类认知图书，让孩子自己去找寻问题的答案。阅读的过程是一个自然解密的过程，让孩子获得正确的知识，也是非常必要的。

8. 培养孩子树立男女平等的观念

儿童期是“个性的烙印期”。因此，父母作为孩子的性别启蒙老师，尤为重要。男性和女性的特点不只是天生的，还是社会化的产物，性别特点的形成在很大程度上取决于孩子如何被教养。其中，无论男孩还是女孩，都要让他们理解男女平等的思想。让孩子知道：男孩不比女孩地位高，女孩不比男孩地位低。从小做起，让男孩知道自己不能仗着力气大就霸道，欺负女孩；让女孩知道不要因为自己柔弱，就胆怯，不敢争取。

9. 避免过早对宝宝有性别标识

男孩子哭时，不要说“你是男孩，男孩子要勇敢，不能哭”，久而久之，会让男孩产生很大的心理压力，对其发展不利。而是要理解孩子的情绪，并引导他说出哭的原因及感受，予以抚慰，再鼓励他。避免戴上性别角色眼镜看孩子。

在宝宝“性别敏感期”阶段，父母要重视自身的榜样作用。比如：

（1）爸爸和儿子一起完成相对繁重的劳动，以体现男性的坚强和力量；

（2）爸爸工作累了，妈妈和女儿一起来安慰爸爸，以体现女性的温柔和理解。

父母自身对性别角色的认同以及性格特征，从而给孩子带来终身潜移默化的影响。让宝宝真正了解自己的性别，还可以从以下方面入手。

（1）对于宝宝所提出的性别问题，要如实、清晰地回答。对于宝宝要看一看、摸一摸的要求，尽可能满足，并向宝宝讲解一些必要的知识。

（2）为了避免宝宝对自己的性别角色的“错误自认”，需要在生活中帮助宝宝获得正确的性别角色意识。比如，根据宝宝的性别，在玩具、服饰、活动等方面，给予正确的引导，让他因为自己是男孩或者女孩而骄傲。

（3）同性别的家庭成员，是宝宝获得与性别相适应的心理和行为最初的模仿对象，所以同性别的家庭成员要和宝宝多亲近、多接触。比如，当母子亲密时，应多鼓励宝宝去接近爸爸；父女情深，应多引导宝宝去理解妈妈。

第7章

情绪情感敏感期

——情商的培养从现在开始

第1节 “嘻嘻，我会笑了”

2—11个月，出现“喜怒哀乐”基本表情，并能准确表达自己的情感

升级为妈妈的玲子，每每看到睡梦中的可可露出的笑容，心里甜滋滋的，所有的疲惫都烟消云散。

今天吃完奶后，可可咂吧咂吧小嘴，忽然冲玲子笑了。那一刻，玲子好像石化了，有点不敢相信自己的眼睛，2个月的可可难道会有意识地微笑啦？玲子赶紧亲亲儿子，没想到可可又冲她笑笑，好像在说：“嘻嘻，妈妈，我会笑了！”

科学研究发现，2个月大的宝宝，已经开始注意自己周围的世界了。并且能够用表情表现出悲痛、激动、喜悦等基本情绪。看到周围人笑时，宝宝会感到舒心。而她自己在吃饱喝足之后，能很专注地凝视着妈妈，以及他自己的小环境。高兴的时候，还会莞尔一笑，这时的婴儿从刚刚出生时的反射性微笑发展为社会性微笑，这是他对外部刺激做出反应的

微笑，就像可可吃饱之后，很满足，向妈妈绽放了笑容。面部表情是婴儿表达情绪的一个窗口，情绪表达有助于他们与看护者进行交流并建立情感纽带，也表明他与外界建立关系的能力在提升。

宝宝喜欢听柔和的声音，用温柔的婴儿式的语调和宝宝说话，生动丰富的面部表情和宝宝交流，会让他逐渐体会更多的情绪情感，并学会模仿面部表情进行情绪表达，这对婴儿的情绪发展非常有益且重要。

育儿小宝典

1. 宝宝的 5 种基本情绪表现

高兴、悲伤、难过、发怒的时候，人的表情会有不同的变化。宝宝也是如此，而且他们的表情变化比大人还迅速。曾有心理学家经过测量宝宝脸上各个部位的准确坐标，然后研究不同表情下各个部位的位置变化，结果发现：婴儿在出生 4 个月后，便可以表现出喜、怒、悲、恐、惊这 5 种基本的感情。

由此表明，婴儿在很小的时候，就已经具有细腻的感情。这些情绪（表情）的发展，与和宝宝朝夕相伴的成人有直接关联。因而，尽可能为孩子创造一个温暖和谐的成长环境，温柔、亲切地对待宝宝，同时捕捉宝宝所表达的感情，帮助宝宝情绪情感的发展。

2. 学会判断宝宝的情绪表现

一般来说，“喜”的表情比较好判断，而由自我感受或事情所引发的“悲”“怒”“恐”“惊”等情绪，从表情上看，有时会有一定的难度，可以结合宝宝的“哭声的特征”进行综合判断。

此外，周围的状况也是判断宝宝情绪表现的一个重要参考因素。比如，有生人靠近时，宝宝会感到恐惧不安；妈妈不见了，宝宝会感到难过；突然听到很大的声音，宝宝会受到惊吓，等等。能够判断宝宝的情绪，进而给予恰当的回应，能很好地安抚宝宝的情绪。

3. 亲子依恋是情感形成的源头

据美国科学家的一项研究显示，即便是刚出生几天的宝宝，也会有不同程度的想“乐”的心理。宝宝的哭声中，有因为得不到亲人的安抚而产生的不安，也有一个人寂寞时的呼唤。如果得不到回应，或是自己的需要不被理解，宝宝会哭闹得更强烈。因而，多关注宝宝的需要，及时给予回应，是让宝宝“乐”起来的不二途径。

通过触觉、视觉、听觉等各个感官刺激，带给宝宝愉悦的心理感受，他会表现出“快乐”的积极情绪反应，这样的情绪反应，对宝宝生理、心理、情绪等方面的健康成长大有裨益。

1. 冲宝宝微笑

微笑，会让亲子交流更顺畅、亲子情感更紧密，身心愉悦。

2. 给一点点“刺激”

将宝宝紧紧抱住，小心地做“下坠”的动作。大多数宝宝的脸上，会出现“会心”的微笑；仰卧时，小心地抓住宝宝的双脚做“跑步”运动，或抓住宝宝的双手做轻柔的伸展体操。

3. 勤换不同姿势

睡姿的频繁改变也可满足宝宝追求新奇的心理。比如，让宝宝有时仰卧，有时改为俯卧或侧卧，其效果与游戏大同小异。

4. 温柔地抚摸

当宝宝不快乐或想啼哭的时候，温柔地抚摸和拥抱他。有时只要轻轻地抚摸几下，宝宝便会破涕为笑。

5. 眼神的交流

妈妈给宝宝喂奶时，如果微笑并专注地看着他，宝宝会感到非常的幸福和快乐。

6. 多让宝宝与水接触

在宝宝 1 个月大时，则可每隔 2 天进行一次全身洗浴。在浸浴时，室温要控制在 20℃—21℃，水温在 35℃，浸浴时间不超过 5 分钟。在适宜的水中，宝宝的表现常常是乐呵呵的。

7. 感受新鲜空气

在风和日丽的天气里，抱着小宝宝到户外晒晒太阳，听听鸟叫，宝宝就会有新鲜感。

8. 在眼前移动玩具

拿一个鲜艳的玩具在宝宝的眼前移动，让他的目光追随着物体。此时，宝宝会发出“呀呀”的叫声，来表达自己心里的新奇感。

9. 让他“自娱自乐”

宝宝有时会把自己的小手伸到眼前凝视、晃动，并快乐地陶醉其中。千万不要打搅他，因为这种“自娱自乐”的行为，能让他体会到快乐，而且这也是宝宝开始具有“自我意识”能力的体现。

育儿小锦囊

1. “宝宝好可爱”

为使宝宝感到愉快、舒适，具有安全感，增加其对周围的兴趣和对刺激的接受能力，在宝宝吃奶后，把他抱起来，用温柔舒缓的语调对孩子说说话，例如“小宝宝，你真可爱，吃好了吗？”得到抚慰的宝宝会安详地注视着妈妈的面孔，仿佛在认真地听。之后的某个时刻，会发出“a，o”的声音，就好像是在应答。这是亲子间的交流开始，也是宝宝人际交往的最初体验。

2. 妈妈的照顾

宝宝生命最初的照料者，最合适的人就是妈妈。生命孕育的280天，宝宝已经和妈妈产生了熟悉感，出生后带给他最大安全感的人也是妈妈。因而他会和妈妈建立起明显的依恋关系。妈妈对宝宝的照顾、关爱以及需要的满足，是他形成依恋的基础，也是其安全感和情绪健康发展的基础。

在此基础上，逐渐扩展为其他亲近的人建立依赖关系，进而与许多人建立信任关系。

因而妈妈要通过与宝宝的多交流，给宝宝大脑发育提供信息和促其发育的营养素，并促进宝宝的视、听、触、动觉的综合发展。所以，在光线适宜的房间里，多和宝宝说话，多拥抱宝宝，轻轻抚摸宝宝的肌肤，都会带给宝宝安全感和满足感。

给宝宝哺乳时，妈妈不要看电视或做其他事情，温柔地看着宝宝的脸，和宝宝交谈，宝宝也会“a，o”地跟妈妈说话。这不仅对宝宝的学说话意义十分重大，也增近亲子情感的联结，对宝宝一生的成长意义重大。

3. 哭宝宝变成“笑星”

哭，是宝宝与外界交流的最重要的途径。笑，是宝宝表达情绪的一种方式。由于宝宝还不会说话，因此他总是用哭表达他的需求，因而，听到宝宝的哭声，一定要及时做出反应，以满足他的需要。满足了需要的宝宝，在爸爸妈妈温暖的怀抱里，亲切温柔的安慰中，很快就会安静下来，并用微笑表达自己的情绪。

哭和笑，都是宝宝与人建立关系的重要表现方式，听任宝宝“哭个够”的做法是不可取，不利于宝宝的身心健康。用哭声大声“说”需求的宝宝，获得满足后，会用笑来传递情感，进而微笑越来越多，成了家里的快乐源泉。

4. 挠痒游戏——宝宝情感表达培养

边叫宝宝的名字，边挠宝宝的胳肢窝或脚心，想办法让他自己发出声音来。这种亲子互动游戏，能够教给宝宝如何表达情感。

5 与宝宝说情境单语

促进宝宝的情感表达能力，要从语言开始。比如，早上要对宝宝说“早安！”，晚上就说“晚安！”，看到外人时说“你好！”，递交东西时说“请”“谢谢”等词语。注意要点是在同样的情境说同样的单语，宝宝能先听辨出这些特定的话，对于将来在语言学习和发音上都有明显的帮助。

宝宝的表情往往是天真无邪的。他们高兴的时候就会满面笑容，悲伤、难过的时候会放声大哭，发怒的时候脸色会很不好看，大一点的甚至还会骂人。因此，关于宝宝的表情与情绪一定要认真对待，只有从小培养，才能拥有一个性格情感都健全的孩子。下面我们来了解一下宝宝不同的表情状况。

成长加油站

“呜呜，我就是感觉不舒服”——“感受性”强的宝宝的抚慰法

育儿专家认为，感受性强的宝宝非常敏感。他们因为想和别人建立牢固的关系，就会用自己的方式，寻找一种交流方式。比如，当他们哭泣时，就是在用哭声告诉爸妈：“请不要用普通的方式和我交流，请换

一种更好的方式！”这样的宝宝，长大后，非常渴望和爸妈、朋友、亲人之间建立一种浓烈又细腻的人际关系。养育感受性强的宝宝需要爸爸妈妈多一些耐心、关爱，以及细心，持之以恒，一定能获得满意的育儿效果。以下方法可以借鉴：

1. 按摩爱抚法

婴儿的按摩不同于普通的揉搓，主要在婴儿的腹部或胸部，施加轻微的压力，并以划圆圈的方式进行按摩。按摩爱抚与喂奶等肌肤接触，都是对感受性强的宝宝进行安慰的比较合适的方法，并且具有很好的效果。

妈妈把宝宝抱在臂弯中，用另一只手臂遮护住他的身体，然后进行哺乳，同样可以起到稳定宝宝情绪的作用。

2. “袋鼠保育法”

就是直接通过肌肤接触，让宝宝感受到父母温暖的爱。

（1）妈妈脱去上衣，平躺在床上；

（2）把宝宝放在身上，然后脱去宝宝的衣服，只剩尿裤；

（3）双臂紧紧搂住宝宝，让他聆听妈妈的心跳声、呼吸声；轻轻抚摸宝宝的身体，通过肌肤接触彼此感受对方的体温，和宝宝说悄悄话。由于宝宝的体温调节能力较差，为防止宝宝着凉，要给宝宝盖一条毛巾保暖。

3. 泡澡爱抚法

妈妈先进入浴缸，然后接过宝宝，把他横抱在胸前。宝宝既可以体会到妈妈肌肤的感觉，还能体验到温热的洗澡水的浮力，对他心智的健康发展会很有利。

这些方法，适用于对感受性强的宝宝，也适合其他宝宝。其实，“感受性强”的孩子的身上，蕴藏着一些鲜为人知的良好的品质，比如，反复“折腾”说明他们有坚强的意志，这种品质为他们在社会生活中发挥自己的个性，甚至走向成功，起着促进作用。

第 2 节　“呵呵，有人夸我乖”

6—12 个月，喜欢“被夸奖”先天个性敏感期

妈妈发现小虎子最近总喜欢被夸奖。自己拿水杯喝水后，得到妈妈的夸赞，就会手舞足蹈；如果妈妈没夸赞，就扭着小身子，一个劲儿地说：“要，要！”不管是言语表达，还是摸摸他的头、拉拉他的小手，小虎子都特别满足。

科学研究发现，宝宝很早就开始表现出鲜明的个性特点，也就是气质。气质是指一个人的情绪和社会交往风格，准确地说，气质是指人们在不同的情境中，尤其是新奇情境中表现出来的注意、情绪、唤醒水平以及反应强弱的个体差异。气质是个性的基础之一。气质影响着个体行为发展的方方面面。

宝宝从婴儿期就表现出独特的个性特征，并会影响到他们的社会关系发展以及信任关系和依恋的建立。他们从6个月时起自我意识开始萌芽，开始意识到自己与妈妈是不同的个体，懵懵懂懂地感觉到自己对周围的人和物会产生的影响，甚至知道了自己的名字。6—12 个月，是宝宝个性

发展的分水岭。前6个月是宝宝先天个性的形成期，从这以后到12个月则是宝宝个性形成的后天培养期，之后一直至3岁，是宝宝一生个性的成型期。

一般来说，9个月的宝宝最喜欢接受表扬，爸爸妈妈还有其他大人的赞赏，会让宝宝心花怒放。这个阶段的宝宝，对最亲近的人离开时，会表现出明显的焦虑不安，或是恋恋不舍的样子，或者哭闹拒绝分离。无论是黏人还是哭闹，都是宝宝情绪的一种强烈表达，从一个侧面反映出他对爸爸妈妈以及其他重要亲人的依恋。

随着宝宝个性的不断发展。他开始形成了一些行为规范的初步印记，知晓什么可以做，什么不能做。但是期望他现在就能规范自己的行为，尚为时过早，最好从生活中予以引领。同时，还要通过多观察宝宝，发现他的个性特点：是急脾气还是慢性子；是精力旺盛动个不停，还是温和安静喜欢一个人待着，从而因材施教，有的放矢。

育儿小锦囊

1.尽快了解宝宝的个性特点

宝宝此时的大脑里正孕育着一场更大的“智慧”风暴，就是通过日常行为和反应，让爸爸妈妈了解自己的气质特征和个性特点。细致观察宝宝日常生活中的行为动作、喜好兴趣、反应表现，及时调整与宝宝互动的行为模式，会极大地增近与宝宝的亲子关系，激发宝宝探索的动机和兴趣，有助于自信心理特征的形成，也有助于智力的开发。

2. 贴在妈妈身上的“小黏糕”

胆怯、不善交流的宝宝喜欢妈妈寸步不离自己左右，就像块“小黏糕”似的黏着妈妈。对这样性格的宝宝，妈妈一定要耐心，包容宝宝的行为，多用肢体语言和宝宝互动，让他获得尊重，同时多带宝宝参加一些活动，鼓励他自己去做能做的事情，也可以邀请与宝宝性格迥异的同龄伙伴来家一起玩，让宝宝逐渐放下戒备，与他人交往。

3. 让宝宝尽情模仿大人的行为

宝宝是在模仿中学习和发展的。这个阶段的宝宝喜欢把玩具扔到地上，再让人帮他捡起来。喜欢到处翻看，更乐于模仿大人的面部表情和熟悉的说话声，自言自语。反映了宝宝对与人交往兴趣的发展超过了因陌生人带来的不安全感引起的恐惧情绪，也反映出宝宝与家人建立了相互信任的安全的依恋，而依恋将有助于帮助宝宝发展社会交往和探索活动。因此，要耐心地一次次捡回爸爸扔出的玩具，这是一个建立与人、与物之间关系的特别有趣的过程，在互动中，宝宝获得满足。

4. 多鼓励宝宝说话，并称赞他

此时的宝宝，常会发出一些语音，来进行亲子交流。因而，为宝宝创造一个声音环境，用妈妈的语言和宝宝说话，让他模仿正确的发音，并适时给予积极反馈和鼓励，会让宝宝获得满满的成就感。最好全家人共同参与，来自不同的人的话语、鼓励、称赞，会让宝宝与更多的人建立广泛地联系。营造出的家庭“正强化”的亲子氛围，能使宝宝的个性得到充分发展。

5. 要尊重宝宝的特点

良好的依恋关系和信任关系，会让宝宝更有自信心，也将更乐于探索未知的世界，个性得到更大的释放。性格的培养是一个长期浸润的过程，尊重宝宝的特点是核心要素，也是实施的关键。唯如此才能促进宝宝的健康发展，并在与兴趣爱好相匹配的活动中，自由发挥，获得成长。

6. 让宝宝尽情表现自己的能力

宝宝到了11个月左右，与外界的联系更广泛，也更主动了。见到陌生人，少了哭闹；别人友好，他也会笑脸相迎，虽然不主动伸手要别人抱，但也不拒绝别人抱他的愿望。这是宝宝在释放与他人建立关系的重要信号。这个阶段的宝宝不喜欢总被大人搀扶和抱着，更想显现出自身的独立性。因而，在游戏中，他们会自己拿玩具，并把玩具给别人；不喜欢单独一人被留下，特别是留在床上。了解宝宝的特点，让他尽情表现自己的能力。

成长加油站

了解宝宝哭声里的 5 种心情

宝宝用啼哭宣告自己的降临，也用哭与外界建立联系。哭声里包含着他们的需求，也包含着他们的各种情绪情感，通过辨析宝宝哭声里的情绪，了解他们此时此刻的心情。用妥贴的方式回应宝宝，将会让他极大地获得满足感和被关爱感，增近彼此间的情感连接，亲子关系更加亲密，宝宝能与外界建立起良好的信任关系。

宝宝一般会在饥饿、生气、困倦、撒娇和难过时发出哭声，通过这 5 种不同心情状态下发出的哭声，基本上可以判读宝宝哭泣时的心情。哭的声音高低（频率变化）及其变化模式、强弱（音量变化）及其变化模式、速度等，均有不同。

1. “饥饿”时的哭声

当宝宝饿了，想吃奶时，哭声中大多混有“m”音。仔细听宝宝的哭声，似乎能听到类似“mama”“ma—ma”的呼唤声。更为有趣的是，不管哪种语言的国家，宝宝饥饿时发出的哭声几乎都混有“m”音。

2. “生气”时的哭声

“尿布湿了，很难受”或“没有找到好玩的玩具”时，宝宝会很“生气”，甚至“发怒”，这时，他会发出尖锐、刺耳的哭声，就像被火烫到似的。

3.“困倦”时的哭声

宝宝因“困倦”想睡觉时，所发出的哭声，往往比较低沉，就好像很疲惫，要睡着了。

4.“撒娇”时的哭声

宝宝想向爸爸妈妈撒娇时，发出的哭声往往比较高，哭声中含有“抱抱我吧！”“好无聊啊！”的呼唤，他的主要目的是引起大人的注意，所以这种情况下的哭泣大多不会流出眼泪来。

5.“难过”时的哭声

因为“妈妈不见了！”“妈妈都不抱我！”而感到难过的宝宝，哭声更加低沉，并伴有抽泣、哽咽的声音和动作，因为内心充满了恐惧、不安。

第 3 节 “我就不听你的”

1 岁半—2 岁，心理上的“第一反抗期”来了

妈妈发现 2 岁的蔓儿最近脾气特别大，稍不遂她的心意，就大喊大叫，而且特别执拗，跟她说什么都拧着小身体，说：“不！我不！”“看来蔓儿是进入了书上说的‘第一个反抗期’了！”妈妈怎么才能陪女儿顺利度过这个阶段呢？

2 岁左右的宝宝是个小小“冒险家”，他们总会随心所欲地走到自己四周游逛，看一看、摸一摸，甚至尝一尝，还经常做出一些“惊险”的动作，大人们担惊受怕，他自己却得意洋洋。如果限制他的各种行为，他会很愤怒，而且反应激烈，并常常大声喊：“不，不要……”“我的，我要！”等话语，以此表达自己的意愿与要求。凡事喜欢按自己的主意去做，如果不遂心意，轻则哭闹，动辄还会打人，就好像一定要和大人“对着干”一样。

心理学家把这一时期称为儿童的“第一反抗期”。这是因为一方面宝宝已经学会了独立行走，他可以自由支配自己行动了；另一方面是因为宝宝还不具备判断什么是危险的能力，但不希望再受大人的管束。因

而显得特别固执、逆反，这是处于执拗敏感期的宝宝们普遍而典型的表现，一般来说出现在 2 岁左右，爆发的高峰期则在 3—4 岁这个年龄段。

处在执拗敏感期的宝宝们，着实让大人们头疼，可是，在他们不可理喻的行为背后，却蕴藏着成长中的许多秘密。执拗敏感期是孩子心理发展必然要经历的一个阶段，也是他的自我意识逐渐形成与发展的结果。当他慢慢意识到自己是个独立的个体，而且可以支配自己去做一些事情的时候，便激发出他们强烈的操控愿望，总想让身边的人都听他的，事情也按照他的意愿去做。对于自己的想法，他们很坚定，难以变通，而这一切恰恰让他们充分体会到“自我”的力量。

了解孩子的发展阶段和心理发展特点，对宝宝就会有足够的理解和包容，坦然接受孩子的这一成长阶段，在保证安全的情况下，尽可能地允许他按照自己的意愿去做，因势利导引领他们在实践中获得更多的生活经验，掌握各种技能，而不会横加指责，或是忽略孩子的需要，给他的心理留下伤痕，阻碍他自我意识的正常发展。当孩子心中的“自我”和内在秩序得到理解和尊重，他们的情绪发展会促进认知水平的提升和社会性的发展。

育儿小宝典

1. 浑身都“脏兮兮”的探险家

宝宝在公共场所，总是爱乱摸东西，因而小手小脸以及衣服，总是脏兮兮的。而每天必须接触的水池、小盆是宝宝最容易“捣乱”的地方，因为宝宝天生喜欢“戏水”。

此时，在宝宝的世界里没有“脏”的概念。他们只是对自己未知的世界充满了好奇，通过自己动手去探索、认识和了解世界，自娱自乐。

应对方法：不要因为怕“脏”而阻止宝宝的探索行为，手脏了，洗干净就好，但阻止宝宝用手去认知世界，则得不偿失。宝宝会在玩中学会思考和观察，比如，沙子是一粒一粒的，水是可以流动的，石头是硬的，泥巴是软的……不通过亲身体验，宝宝怎能有如此深刻的感受？

2. 处处都爱“抢夺”的小霸王

这个时期的宝宝，像个“小霸王”！因为他要主导，比如，电话响了他要抢着接；看电视时，他抢着用遥控器打开、再关掉；进家门时，他要开门……

不要用成人的眼光衡量宝宝的这些行为，抢电话、抢遥控器、开门，并不是宝宝在捣乱，他们除了好奇之外，更多地是在模仿大人的行为，他们想让自己看起来像个“大人”。

应对方法：每当电话铃响，最好让宝宝先听听里面的声音；看电视的时候，如果要换台，让宝宝来拿遥控器……这样做不仅满足了宝宝的好奇心，也为他提供充分模仿学习的机会，“抢”东西的“坏”习惯也就自然消除了。

3. 家里出了个小小“搬运工”

已经走得很稳，甚至可以跑跳的宝宝，不但爱到处乱走，还喜欢当“搬运工”。见什么搬什么，还“兢兢业业，乐此不疲”。不但对橱柜里的锅、碗、瓢、盆感兴趣，家里的重物更是让他感兴趣的对象，像饮水机上的水桶、纸箱等物品，家里的很多东西时常会出现“乾坤大挪移”，这也是宝宝彰显自我的一种方式。

应对方法：虽然家里被弄得乱七八糟，但还是要给予支持。因为每一次搬运对宝宝来说都是一次锻炼，看着东西从A点到B点的改变，宝宝会有成就感，这可以培养他的自信心。要做的是注意安全，并因势利导，让宝宝知道哪些事能做，哪些事不可以碰触，建立边界感。

育儿小锦囊

在支持宝宝探索的同时，还要帮助宝宝学会遵守约定和规则。因为，自我意识爆棚的宝宝，有时会提出一些安全隐患很大的要求，如进厨房、玩剪刀等等，有时表现得非常任性。每当出现这种情形时，爸爸妈妈态度要温和，对于一些原则则必须坚定，让宝宝知道不是所有的事情都可以随心所欲，他也能从中逐渐形成规则意识。

1. 转移宝宝的注意力

在宝宝任性发脾气时，可以转移他的注意力，比如：“你听，那边是什么声音？快去看看。”当宝宝的注意力转移到别的地方之后，眼前的困境就可以摆脱。

2. 暂时回避与冷处理

宝宝常常用大哭大闹的方式达成自己的愿望。遇到任性哭闹的情况，可以暂时在旁边回避，让宝宝说出自己要做的事情的原因，再耐心劝阻，说明危害。如果宝宝不肯罢休，则可以冷处理，在保证安全的前提下，由着宝宝哭闹，宣泄自己的情绪，待情绪平稳后，再和他讲清道理。切不可宝宝一哭闹就轻易迁就，也切忌“武力”解决。

3. 适当的情绪训练

（1）让宝宝学会分辨表情

经常在宝宝面前做出高兴和生气的表情，让宝宝知道什么是喜，什么是怒。宝宝把自己的食物给爸爸妈妈吃，一定要表现得很高兴，让宝宝和爸爸妈妈一起开心；遇到宝宝做了不友好的事情，一边制止，一边显示出不开心的样子，并真实表达出自己的情绪，让宝宝体会不同的事情带来的不同情绪感受，同时意识到哪些事情不能做。

（2）让宝宝学会独自玩耍

为宝宝准备他喜欢的玩具和活动用具，如娃娃、汽车、积木、插片等，让他独自玩。宝宝提问时，及时、认真回答，不能搪塞或敷衍了事，并要保证宝宝周围环境的安全。

（3）多与宝宝玩“藏猫猫”游戏

妈妈先做示范，找一个比较隐蔽的地方躲藏起来，如躲到门背后，不让宝宝看见，然后学猫、学狗叫，叫宝宝去寻找，找到后互换角色。

妈妈闭上眼睛，让宝宝自己选择角落藏起来，宝宝第一次也会选择妈妈藏过的地方去躲藏。爸爸可故意装作找不着，让宝宝控制自己不出来，直到妈妈找到为止。

此后，要不断变换躲藏的地方，宝宝就会想办法到妈妈不知道的地方去躲藏。

需要注意的是：宝宝不懂得危险，有时会藏在一些危险地方如大衣柜内等，因此做游戏前要同宝宝讲明哪些地方危险，通过游戏让宝宝学会规避危险。

第 4 节　“你是你，我是我”

3—4 岁，个性定型的关键时期

儿子 3 周岁生日，阿楠给他一只玩具水枪，儿子爱不释手，一整天都拿在手里，玩个不停。并且，到处“喷水”，客厅的沙发上、餐桌上、地板上，甚至电视上，都被他喷得湿漉漉的。

“乖，把水枪给我，不要再到处喷水了。”阿楠想把水枪要过来。

“我不！”儿子说。

“给我，看你将沙发弄得这么湿。”阿楠有点不悦地说。

“不给。”儿子坚决地说。

“这枪是我送你的，现在我把它要回来！”阿楠说。“不，送我的就是我的！”儿子更加坚决地说。“送你了也是我的！”阿楠说。“才不呢。你是你，我是我。”儿子大声说。

……

一项调查发现，3 岁左右的宝宝，是最难教养的人生年龄。这时的宝宝想独立，由于经验不足又独立不起来，加之自我意识很强，凡事都想自己解决。因此，这个年龄段的宝宝具有许多明显矛盾的特点：既可爱又可恶，既大方又自私，既成熟又幼稚，既有依赖性又有独立性。这些交织的个性特点，使得他们常常把事情搞砸了，也很难与他人融洽相处。真是“令人讨厌的时期”啊！

看起来不那么美妙的时期，其实是一个非常了不起的阶段。因为在这个时期，宝宝开始形成“真正的自我”，并且还要学习如何成为一个真正独立的人，同时，宝宝还总是处于两个世界中：温暖安逸并依赖爸妈的过去世界和充满刺激、独立自主的未来世界。因而，这个时期是宝宝提高能力、开发潜能的宝贵时期，也是个性定型的时期，需要特别给予关照。

育儿小宝典

1. 性格是三个部分的混合体

宝宝的性格是活动性、情绪化和交际性这三个部分的混合体，三部分的比例可能有多有少。活动性，即所有行为的总和，包括运动量、语速、不知疲倦的活动精力等；情绪化，即易烦躁、易苦恼、情绪激烈，这样的宝宝比较难哄；交际性，即通过社会交往寻求回报，这样的宝宝喜欢与别人在一起，也喜欢与别人一起活动，他们对别人反应积极，也希望从对方处得到回应。

2. 独立又依赖的“小尾巴”

这时的宝宝会跟大人到处转——爸爸妈妈扫地他也扫地，爸爸妈妈擦桌子他也擦。在自理能力上，开始学着大人的样子拿起牙刷刷牙。在个性上，这时的宝宝既独立又依赖，好多爸爸妈妈这样说：“我家宝宝快成‘小尾巴’了。我出门的时候他总是拉住我的衣角，有人过来跟我说话时，他就藏在我的身后。”

3. 难以与人相处的“小刺猬”

3 岁多的宝宝即使上了幼儿园，通常也是老师心中难缠的角色。因为这时的宝宝比较容易出现抢小朋友玩具的情形，偶尔还会发生咬人、推人的情况。这与宝宝心理的变化有一定的关系。宝宝刚从舒适的家里进入另一个陌生的环境，难免会有些不适应，在家里他是唯一的宝贝，会理所当然地认为：“所有的东西都是我的！”看到别人有的东西自己也想拥有，这是 3 岁宝宝的一个特性，也是爸爸妈妈和老师们最感棘手的问题。

4. 懂得了什么是羞愧和怀疑

2 岁到 3 岁，宝宝的个性发展非常快。他已经体会到了自己的意志力，懂得有可能通过争斗来统治别人。同时，由于身体机能还不成熟，宝宝逐渐懂得了羞愧和怀疑。而学习走路、抓握物体以及其他一些技能则给了他们选择的自由。这时候宝宝的括约肌也开始发挥作用，宝宝学会了控制大小便。可是一旦失禁并挨了训斥，宝宝就会觉得羞愧。

5. 依赖心理与分离焦虑期

宝宝的依赖心理与分离焦虑情绪也特别明显，爸爸妈妈才刚离开一会儿，宝宝早已鼻涕眼泪涂了一脸，这到底是怎么回事呢？这个时期正是宝宝产生“依赖”之时，因此宝宝会对最亲近的人产生“分离焦虑”，他就像一块橡皮糖似的黏着爸爸妈妈，否则会哭闹不休，如此“依赖”让爸爸妈妈很伤脑筋。这时，爸爸妈妈常常会考虑是否应该将宝宝送入托儿所。

对于3岁的宝宝来说，由于许多令人兴奋的事情都发生在这个阶段，所以该阶段无论对爸爸妈妈还是对宝宝来说都是一个挑战。但是，这并不是一个令人讨厌的阶段，而是一个令人惊奇的阶段。所有的爸爸妈妈都希望自己的宝宝性格能够均衡发展。了解宝宝成长过程中可以预见的各个阶段会对爸爸妈妈有所帮助。

关于宝宝的性格培养，爸妈要多观察宝宝的性格倾向：情绪化，活泼好动，或者是讨人喜欢。

（1）好动的宝宝动个不停，睡眠不多；情绪化的宝宝爱哭闹，难哄。

（2）讨喜的宝宝很早就会对人表示他的感情，别人抱他时反应积极，容易安静下来。

（3）如果宝宝在某方面表现得比较突出，爸爸妈妈要适应他的这种特点，并且鼓励宝宝在其他两方面也要有所发展。

（4）如果宝宝很情绪化，那么爸爸妈妈就需要细心地照料、支持、指导与帮助，就会使宝宝感觉更安全些，不那么易于激动。

（5）爸爸妈妈稍加控制、多多关心，做事总是急匆匆的宝宝有可能会从容一些。

（6）爱交际的宝宝与好动的宝宝一起玩游戏能鼓励他集中注意力，并增加他注意力集中的时间。

成长加油站

对于正处于个性定型的关键时期，家长要遵循一些教育原则。

（1）一致性的教育模式：如果宝宝已经入园，父母要多与幼儿园老师保持畅通的沟通。将宝宝在家里的情况记录下来，然后将记录带到学校和老师一起讨论，建立起家庭教育和学校教育尽量一致的教育模式，这样才不会使宝宝无所适从，同时对宝宝的心理和行为也比较容易把握，易于引导。

（2）温和而坚定的原则：在宝宝耍脾气时，态度要温和而坚定，不要采取轻易妥协，让宝宝知道爸爸妈妈爱他，但有些原则不可改变。疼爱孩子，但不是溺爱；支持宝宝主动探索，但要遵守规则。

第5节 “妈妈爱我，我也爱妈妈”

4—5岁，情感敏感期到了

阿良去幼儿园接4岁的女儿回家。看到女儿手里拿着一块巧克力，她说是好朋友小冉的妈妈送给她的，女儿拿了一路都没吃，阿良有些好奇，要知道女儿平时最喜欢吃巧克力呢。

刚推门进家，女儿就冲着妈妈大声喊：“妈妈，这个巧克力给你吃。”

然后，又对阿良说：“爸爸，你也吃！”

妈妈边接过女儿的书包，边说：“谢谢宝贝！谁给你的巧克力？你怎么没吃呀？”

女儿说：“是小冉妈妈送给我的。老师说爸爸妈妈很爱孩子，照顾我们很辛苦，我们也要爱爸爸妈妈。平时都是你们给我好吃的，现在我把我的好吃的给爸爸妈妈吃！”

阿良说：“我家女儿真可爱！宝贝，和爸爸妈妈一起吃吧！”

一家三口开开心心地一起分享巧克力。

孩子到了四五岁，会进入到情感表达敏感期，会依恋父母，总想跟在爸爸妈妈身边，又对情感非常敏感，一点小事都会引发他们的情绪反应。为什么孩子会经历这样一个特殊的敏感期呢？是因为此时的他们对情感有了更深的认识和体验，加之入园的分离之后，让他们发现了来自爸爸妈妈以及亲人的爱，还有幼儿园老师的关爱，和小朋友的同伴友爱，他们逐渐理解了情感是双向互动的。于是，他们就会学着大人的样子，向他所关心和喜欢的人表达自己的情感，就像阿良的女儿，从老师的话语里被激活了藏在内心深处对父母的爱，也从好朋友妈妈的关心中，获得了更多的情感养分，于是，借助巧克力向爸爸妈妈表达自己的爱。当孩子通过自己的方式表达爱之后，会滋生出一种情感得到释放之后的巨大的喜悦感。

孩子的情感世界被爱唤醒之后，他会更爱爸爸妈妈，同时也会向身边更多的人表达他的情感，并享受着彼此分享爱的温暖与幸福。这是一个非常重要的情感培养的窗口，不仅让宝宝感受到爱的滋养，还能学会用爱与他人建立关心，并为孩子具有关心、友爱、帮助、分享、合作的品格奠定基础。

育儿小锦囊

1. 培养孩子的家庭责任感

让孩子明白，家务就是义务。让孩子承担一些力所能及的家务活，还可以带孩子参与社区的义务劳动，感受为他人服务的快乐，体验成人的辛劳，从而更加珍惜幸福的生活。

2. 培养良好的情感情绪

爸爸妈妈的关爱、家庭的和谐美满，都是能让宝宝拥有积极正向的心理状态的基石。关爱，不是溺爱，不是无限制地满足孩子的一切需要，特别是不合理的要求。如果爸爸妈妈因为一些事情发生了争执，要清楚地告诉宝宝发生了什么事情，争执的是事情，而不是感情，让宝宝知道爸爸妈妈也有不开心，也可能会发生矛盾，但彼此间依然是相爱的，家庭是稳定的，对他的爱也依旧。

3. 不要对孩子太溺爱了

出于对孩子的爱，爸爸妈妈们总是把好吃的、好玩的全让给孩子，有时孩子想与父母分享，父母却总说："我们不爱吃，你自己吃吧。"这样会强化了孩子的独享意识，使他理所当然地把好吃的、好玩的据为己有。可见，孩子吃独食，不愿与他人分享，其实是由于溺爱而造成的。

4. 生活中处处实践"分享"

在给孩子好吃的东西时，即使你再不舍得也要咬上一口，并且说"好吃的东西知道要和爸爸妈妈一起吃"，从而养成孩子分享的习惯。邀请宝宝和大人一起打扫卫生；爸爸妈妈工作上获得成绩，和宝宝一起分享快乐；好东西记得给爷爷奶奶……

5. 感受缺失与满足

让孩子感受一下缺失和满足也是不错的方式。比如，孩子最喜欢的东西丢了，在他为“失去”感到伤心的时候，邻居家的小朋友又把他喜欢的东西送回来。在这个过程中，孩子就会体会到缺失的痛苦和满足的欣喜，并会对邻居家的小朋友心存感激，从而迈出具备感恩能力的第一步。

6. 培养孩子的是非观念

分辨是非的能力是在后天习得的。爸爸妈妈的是非观念和处理是非的态度，对宝宝的影响极大。因此，爸爸妈妈对宝宝的良好行为和点滴进步要充分肯定和鼓励，对不好的行为则应及时予以制止。比如宝宝把自己的玩具让给别的宝宝玩，要加以称赞；而当宝宝抢夺别人的玩具时，则予以制止。是非要分明，态度要慈爱，使宝宝养成以友好的态度对待小朋友的习惯，并让宝宝知道对与错。

7. 好父母要以身作则

家长平时的一言一行，潜移默化地影响着孩子的行为。孝顺父母和长辈，关爱家里的每个人；坐公交车的时候，主动为老人、孕妇和小孩让座；吃饭的时候，主动请长辈先吃等。这些看似细小的举动，都会在孩子心中播下美好、感恩、助人为乐的种子。带动孩子也朝着这个方向发展，让孩子在获得自我幸福感中提升。

通常，以下几个因素会影响孩子品格的发展：

（1）家庭和社会氛围的影响：父母平时不关心或感激自己的长辈，孩子就会模仿父母，不知道感激大人。

（2）认知因素：俗语说“知恩图报”，只有意识到别人对自己的付出和关爱，才会产生报恩的意识。如果意识不到自己也应该为别人付出，怎么可能产生感恩之心呢？

（3）缺乏亲身体验：孩子如果体验不到父母对自己的关怀和爱等情感，认为那就是父母的义务，那么，孩子就不会产生感恩之心。

（4）感恩时没有受到鼓励：孩子在很小的时候，向父母表示“你们辛苦了”，父母却说“我们不辛苦，只要你把书读好就行了”之类的话语，慢慢地，就会把孩子自发的感恩之心扼杀掉。

8. 孩子的高情商、好品质是从生活实践中而来

爸爸妈妈在照顾、陪伴孩子长大的过程中，从以下几个方面入手：

（1）平时对宝宝要细心，发现宝宝情绪不佳时，要懂得理解他的感受。

（2）培养宝宝的同情心，帮助他建立自信心，以促进他情商的发展。

（3）细心了解引起宝宝情绪不佳的原因，进而协助他用适当的方法抚平情绪。

（4）保持积极乐观的生活态度，让宝宝始终积极向上地面对生活。

（5）通过讲故事、做游戏等方式，培养宝宝的自信心、自尊心、好奇心等。